城镇化视角下
中央与地方关系研究

STUDY ON THE RELATION OF CENTRAL
GOVERNMENT AND LOCAL
GOVERNMENT FROM
THE PERSPECTIVE OF URBANIZ

张　飞◎著

中国经济出版社
CHINA ECONOMIC PUBLISHING HOUSE
北京

图书在版编目（CIP）数据

城镇化视角下中央与地方关系研究 / 张飞 著.
—北京：中国经济出版社，2019. 12
ISBN 978-7-5136-5949-9
Ⅰ. ①城… Ⅱ. ①张… Ⅲ. ①中央与地方的关系—研究—中国 Ⅳ. ①D63
中国版本图书馆 CIP 数据核字（2019）第 276425 号

责任编辑　师少林
责任印制　巢新强
封面设计　久品轩

出版发行　中国经济出版社
印 刷 者　北京科信印刷有限公司
经 销 者　各地新华书店
开　　本　710mm×1000mm　1/16
印　　张　16
字　　数　237 千字
版　　次　2019 年 12 月第 1 版
印　　次　2019 年 12 月第 1 次
定　　价　68.00 元
广告经营许可证　京西工商广字第 8179 号

中国经济出版社 **网址** www.economyph.com **社址** 北京市东城区安定门外大街 58 号 **邮编** 100011

本版图书如存在印装质量问题，请与本社销售中心联系调换（联系电话：010-57512564）

序　言

中共十八届三中全会《决定》强调，“加强中央政府宏观调控职责和能力，加强地方政府公共服务、市场监管、社会管理、环境保护等职责”，这为调整中央与地方政府公共职责指明了方向。2018年2月，国务院办公厅印发《基本公共服务领域中央与地方共同财政事权和支出责任划分改革方案》，进一步明确了中央与地方政府在基本公共服务领域的支出责任。

实际上，从1994年的分税制改革以来，地方政府财政收入主要依赖于地方经济总量的增长。一方面，中央政府强调统筹发展、协调发展、可持续发展；另一方面，尽管近年来各级政府不断加大公共服务投入，但现行中央地方关系使地方政府长期把主要精力放到做大地区经济总量和增加财政收入上，使得一段时期内公共服务职能出现不同程度的弱化，从而导致我国城镇化长期滞后于工业化。目前，随着我国进入工业化中后期，实现工业转型升级的迫切性日益凸显。在这个特定背景下，加快新型城镇化成为推动工业转型升级的重要动力。

未来几年，随着我国由中等收入国家向高收入国家行列迈进，尤其是在以人为核心的新型城镇化与乡村振兴相融合的大趋势下，过去以经济治理为重点的地方治理模式越来越难以持续，需要尽快推动地方治理由重经济向重公共服务转型。基于此，本书以问题为导向，在立足国情的基础上，充分借鉴发达国家的经验，提出完善我国中央与地方公共职责分工体系的思路与任务：一是建立事权与支出责任相适应的制度。有效的地方治理需要按照事权划分承担和分担相应的支出责任。二是深化税制改革，完善中央与地方财税关系。完善地方税体系，形成地方政府稳定的税源。三是深化省以下财政体制改革。实行财政省直管县可以减少市县之间的“摩擦”，提升地方治理能力。四是以公共资源均衡配置为目标调整行政层级。

本书是作者在主持完成2014年国家社科基金青年项目《新型城镇化背景下中央与地方公共职责分工体系研究》的基础上，进一步扩充与修改形成书稿。本书在形成过程中得到方栓喜、刘铁奇、王栋等同志热心帮助，得到了中国经济出版社的大力支持，在此一并表示感谢！

张　飞

2019年9月1日

目　录

第一章　绪论

第一节　研究背景

诺贝尔经济学奖获得者、美国经济学家斯蒂格利茨说，“中国的城镇化和美国的新科技是21世纪带动世界经济发展的两大引擎”。从我国的实践看，由于中央地方关系的调整，尤其是分税制改革的全面实施，使得我国城镇化在近十多年来飞速发展，成为拉动我国经济增长的重要驱动力。在看到城镇化快速发展带来好处的同时，需要看到当前以工业推动、规模扩张、行政主导为主要特征的传统城镇化模式越来越不可持续。为此，2013年中央城镇化工作会议要求，“要以人为本，推进以人为核心的城镇化，提高城镇人口素质和居民生活质量，把促进有能力在城镇稳定就业和生活的常住人口有序实现市民化作为首要任务”。[①]

1994年分税制改革以来，地方政府财政收入主要依赖于地方经济总量的增长。一方面，中央政府强调统筹发展、协调发展、可持续发展；另一方面，尽管近年来各级政府不断加大公共服务投入，但现行中央地方财税关系使地方政府长期把主要精力放到做大地区

① 中央提出推进城镇化六大任务［N］. 中国证券报，2013-12-16：（01）.

经济总量和增加财政收入上。当前，要推动由规模扩张型的城镇化向以人为核心的新型城镇化转型，也就越来越依赖于中央地方关系的调整。

一、以经济总量为导向的中央地方关系不利于城镇化健康发展

以经济总量为导向的中央地方关系在推动我国工业化快速发展的同时，形成了以工业支撑城镇化的发展模式，成为我国城镇化长期滞后于工业化的重要原因。

1. 以经济总量为导向的中央地方关系的形成

新中国成立后，为了恢复和发展国民经济，国家“一五”计划就提出逐步实现社会主义工业化。无论是改革开放前中央对地方的放权、收权，还是改革开放以来的放权让利、分灶吃饭、财政“大包干”，以及1994年的分税制改革，都是为了调动中央和地方两个积极性，加快推进我国工业化进程。尤其是分税制改革以来，由于事权不断下移，地方政府要承担的支出责任不断增大，地方政府只有做大地方经济总量，才能获得更多的财政收入，由此不可避免地展开地方政府间的经济竞争。

2. 以经济总量为导向的中央地方关系下形成以工业支撑城镇化的发展模式

在经济总量的导向作用下，各地开始大规模建设产业园区、出口加工区、保税物流园区等各类经济开发区，而且纷纷出台诸如“零地价”“税收返还”等优惠政策吸引投资，使得我国工业化飞速发展。据统计，2010年，我国制造业产出占世界的比重为19.8%，

超过美国成为全球制造业第一大国。[①] 在工业化进程中，大量农村剩余劳动力进城务工，推动了我国城镇化快速发展。1978—2017 年，我国城镇化率由 17.92%提升至 58.5%。在工业化的推动下，全国很多地区形成了“一个工业一座城”的格局，例如河南平顶山，甘肃金昌、白银等城市，都是在大型国有企业的基础上建设形成的。

3. 以经济总量为导向的中央地方关系下城镇化面临转型

在现行中央地方关系下，地方政府把经济建设和做大经济总量作为主要任务，使得公共服务职能出现不同程度的弱化，从而导致我国城镇化长期滞后于工业化。根据国际经验，合理的城镇化率与工业化率的比值范围在 1.4~2.5，而我国城镇化率与工业化率的比值从 1978 年的 0.41 上升到 2014 年的 1.53。如果按户籍人口计算城镇化率，目前这一比值仅为 1，尚未进入合理区间。“十三五”以来，我国进入转方式、调结构的关键五年，继续以经济总量为导向的中央地方关系，既不利于经济转型升级，也不利于城镇化健康发展。从工业化进程看，我国已经进入工业化中后期，实现工业转型升级越来越迫切，但目前工业领域产能过剩的问题相当突出。也就是说，以经济总量为导向、以行政为主导、以重化工业为载体的发展模式不改变，经济转型升级就很困难。从城镇化进程看，由于地方政府大规模的城镇基础设施建设，形成了大量的地方债，而且近几年进入偿债高峰。可以说，地方政府以行政为主导的经济发展模式不改变，城镇化转型也相当困难。

① 国家统计局：2003—2011 年 GDP 年均实际增长 10.7% [N]. 证券导报，2012-08-17：(009).

二、新型城镇化应以服务业为支撑，但现行中央地方关系却不利于服务业发展

新型城镇化是我国最大的潜力，但城镇化要以产业为支撑。从我国经济转型升级的趋势看，要形成服务业支撑城镇化的新格局，面临现行中央地方关系的掣肘。

1. 新型城镇化是未来中国的最大潜力

"城镇化是扩大内需的最大潜力。"① 从国际经验看，城镇化率处于 30%～70%，是城镇化快速发展的阶段。2017 年我国名义城镇化率达到 58.5%，正处于快速发展的阶段。而当前我国户籍人口城镇化率仅为 42.35%左右，远低于 2011 年 52%的世界平均水平。经济学上讲"差距就是潜力"，这个潜力的释放有望支撑中国经济实现中长期的可持续增长。从供给侧看，推进以人为核心的新型城镇化，首先需要实现 2.6 亿农民工的市民化，这将带动大量的基础设施和公共服务领域的投资；从需求侧看，2017 年，我国城乡居民人均消费支出差距为 2.23：1。如果大量的农民工能转化为市民，将带来巨大的消费增量。按照迟福林教授的估算，到 2020 年中国人口城镇化进程将带来百万亿级别的内需规模，成为 6.5%左右中高速增长的重要支撑。

2. 新型城镇化对服务业的需求全面增强

城镇化要以产业为支撑，这是城镇化建设的根本所在。随着我国进入工业化中后期，过去以工业支撑城镇化的发展模式面临转型：一是工业转型依赖于生产性服务业的发展；二是满足人们消费结构

① 城镇化是扩大内需最大潜力［N］. 人民日报（海外版），2012-12-18：（02）.

升级的需求依赖于生活性服务业的发展；三是为大量农村转移人口提供就业机会更需要发展服务业。但在现行中央地方财税关系下，地方政府仍以工业为主导，服务业的发展面临严重制约。第一，服务业领域市场化程度比较低。有数据显示，我国工业部门80%以上是制造业，属于高度市场化部门，而服务业50%以上仍被行政力量垄断，属于垄断竞争部门。第二，服务业价格管制仍比较多。尽管这两年陆续放开了一批服务业领域的价格，但政府在诸多服务业领域仍保留定价权，包括水电气价格、教育收费标准等。第三，服务业与工业的发展政策不平等。例如，在生产要素使用上，服务业与工业价格不平等，服务业用水、用电、用气、用地价格普遍高于一般工业。在我国经济转型升级的大背景下，要形成以服务业支撑新型城镇化的新格局，才能释放巨大的内需潜力。

3. 形成服务业支撑新型城镇化的基本格局

从现实矛盾看，新型城镇化的本质内涵在于推进由工业支撑的城镇化向服务业支撑的城镇化转型，这就需要以打破垄断为重点加快服务行业市场化改革。第一，全面放开服务业市场，不仅生产性、生活性服务业市场要放开，公共服务业市场也要放开；不仅要向外资放开，更要向国内社会资本放开，由此全面激发市场活力。第二，十八届五中全会提出“全面放开竞争性领域商品和服务价格”。这就需要在此基础上，进一步理顺公共服务业的价格形成机制，政府定价范围主要限定在重要公用事业、公益性服务和自然垄断行业。第三，实现服务业与工业政策平等。加快调整服务业与工业用地政策，尽快实现服务业与工业用地“同地同价”；实现服务业与工业平等竞争使用水电气等资源要素。

三、新型城镇化背景下以经济总量为导向的中央地方关系面临挑战

新型城镇化的核心是人的城镇化。从我国经济转型升级的大趋势看，“推进以人为核心的新型城镇化是最大的结构调整”，同时也给现行中央地方关系带来严峻挑战。

1. 中央与地方政府公共职责存在同构的现象

新型城镇化需要地方政府以公共服务为中心，为城镇居民提供更多的公共服务，而在现行中央地方关系下，一方面，地方政府仍以经济建设为中心，由此造成产能过剩、地方债等风险不断加剧。另一方面，中央与地方政府公共职责分工不明，除国家安全、海关、民航、铁路、邮政等属于中央专有职责，绝大多数公共服务，如教育、医疗卫生、养老、就业等都属于中央与地方各级政府的共有职责。尽管职责范围大小有区别，但内容无差别，导致分工不明，出了问题谁负责也不明确，行政问责多走形式。从国际经验看，公共服务由地方政府负责会更有效率。

2. 地方政府的事权与支出责任不适应

新型城镇化需要地方政府形成有效的治理模式，而在现行中央地方关系下，地方政府的事权与支出责任不匹配，难以有效履行公共服务供给主体的责任。第一，在当前经济下行压力增大的情况下，地方政府的财政收入不可避免出现减少。第二，营改增改革对地方政府财政收入会产生影响。例如，2015 年全国 1.9 万亿元的营业税收入 99%以上归属地方，营改增后，成为中央与地方共享税，这就不可避免地会减少地方政府财政收入。第三，我国地方税体系尚未

建立，地方政府缺乏稳定的税源，难以有效履行公共服务职责。

3. **按城市行政级别高低配置公共资源不利于大中小城镇协调发展**

我国城市按行政级别可以分为直辖市、计划单列市、副省级城市、省会城市、地级市和县级市。新型城镇化要求大中小城镇协调发展，而现实的情况是，公共资源按照城市行政级别的高低配置，造成不同行政级别的城镇间公共资源配置差距相当大，尤其是教育、医疗等优质资源不断向大城市集中，中小城镇公共资源配置严重不足，使得中小城镇缺乏吸引力。以医疗资源为例，大城市集中了我国 80%的优质医疗资源，其中的 80%又集中在大医院。①

第二节 研究意义

中共十八届三中全会《决定》明确提出："加强中央政府宏观调控职责和能力，加强地方政府公共服务、市场监管、社会管理、环境保护等职责。"中国是一个发展中的大国，形成有效的政府治理模式，需要处理好中央与地方关系。新中国成立以来，在社会主义工业化道路的指引下，我国逐步形成了以经济总量为导向的中央地方关系，在推动中国成为"世界工厂"的同时，也促进了城镇化进程，并成为我国城镇化长期滞后于工业化的重要原因。当前，我国正处在经济转型升级和结构调整的关键时期，城镇化也面临着转型

① 迟福林．推进以公共资源配置均等化为重点的中小城镇发展［N］．中国经济时报，2014-01-06：（A06）．

升级。在这个特定背景下，是延续现行中央地方关系，还是适应新趋势改革、调整中央地方关系，成为新时代政府转型的重大课题。

一、实现国家治理体系与治理能力现代化需要形成中央与地方的合力

中共十八届三中全会确立了我国“全面深化改革的总目标是完善和发展中国特色社会主义制度，推进国家治理体系与治理能力现代化”。这是一项艰巨而伟大的工程。从国际经验看，公共服务作为政府的基本职能，成为发达国家政府治理的重要内容。改革开放40年来，我国在实现经济快速发展的同时，也不断加大公共服务投入，但由于多方面的原因，我国公共服务体制仍不健全，城乡、区域和不同群体之间的公共服务水平还存在较大的差距，由此不仅拉大了贫富差距，而且也不利于实现国家治理体系与治理能力的现代化。从实践看，地方政府治理能力现代化是国家治理能力现代化的重要前提和基础。为此，需要把增强中央与地方政府的公共服务能力作为实现国家治理体系与治理能力现代化的重要内容。

二、新型城镇化背景下中央与地方关系亟须改变

中共十八届三中全会《决定》指出：“坚持走中国特色新型城镇化道路，推进以人为核心的城镇化，推动大中小城市和小城镇协调发展、产业和城镇融合发展，促进城镇化和新农村建设协调推进。”城镇化要以产业为支撑。我国进入工业化中后期，过去以工业支撑城镇化的模式面临转型。从我国经济转型升级的大趋势看，无论是工业转型升级，还是人们消费需求结构升级，都依赖于服务业

的发展。也就是说，新型城镇化要以服务业为支撑，但长期以来，地方政府以工业项目为先导，由此带来严峻挑战。第一，新型城镇化需要地方政府以公共服务为中心，而现行中央地方关系下，地方政府仍以经济建设为中心，并造成产能过剩、地方债等风险不断加剧；第二，新型城镇化需要地方政府形成有效的治理模式，而现行中央地方关系下，地方政府的事权与支出责任不匹配，难以有效履行公共服务职责；第三，新型城镇化要求大中小城镇协调发展，而现行中央地方关系下，公共资源按城市行政级别高低配置，造成优质公共资源不断向大城市集中，中小城镇公共资源配置严重不均，人口吸引力不强。

三、以公共服务为导向调整改革中央地方关系，走出一条新型城镇化的新路子

新型城镇化的核心是人的城镇化。在总量导向的中央地方关系下，地方政府往往以上工业项目、做大经济总量为目标，在推动地方经济增长的同时，忽视人的全面发展，造成公共服务供给的某些不到位。推进以人为核心的新型城镇化，需要中央地方关系由经济总量导向向公共服务导向转变，由此推动地方政府由经济建设主体向公共服务供给主体回归。为此，第一，以城乡基本公共服务均等化为目标明确划分各级政府的公共职责，明确地方政府的公共服务供给主体角色；第二，以形成有效的地方治理为目标改革中央地方财税关系，确保地方政府履行公共服务职责的基本财力；第三，以公共资源均衡配置为目标调整行政层级，推进大城市和中小城镇协调发展。

第三节　研究思路与方法

一、研究思路

本书在新型城镇化的背景下，分析当前中央与地方公共职责合理划分的客观要求，并结合国外中央与地方政府公共职责划分的经验，提出我国合理划分中央与地方公共职责的原则、目标和重点任务。在此基础上，客观分析中央与地方公共职责分工对现行中央与地方财税关系、行政层级调整的现实需求，并提出相应的改革建议。

二、研究方法

从方法论来看，本书的突出特点是以问题为导向的行动研究，并结合规范分析法、比较分析法、交叉学科分析等方法。具体表现为：

1. 以问题为导向的行动研究

本书重点从现行中央地方关系不适应新型城镇化的现实问题切入，进而提出以公共服务为导向调整、改革中央地方关系的基本思路，体现政策研究的现实性、前瞻性和可操作性。

2. 规范分析法

运用规范分析法对新中国成立以来各个阶段的中央地方关系进

行回顾，使研究内容与经济社会发展的大环境相融合。

3. 比较分析法

通过比较美国、法国和日本中央与地方公共职责分工的基本做法，从中吸取有利于我国改革中央地方关系的某些成功经验。

4. 管理学与经济学交叉的研究方法

由于本书的研究内容既涉及中央与地方政府的管理职能，又涉及经济学中的财税关系，需要综合运用管理学和经济学知识。

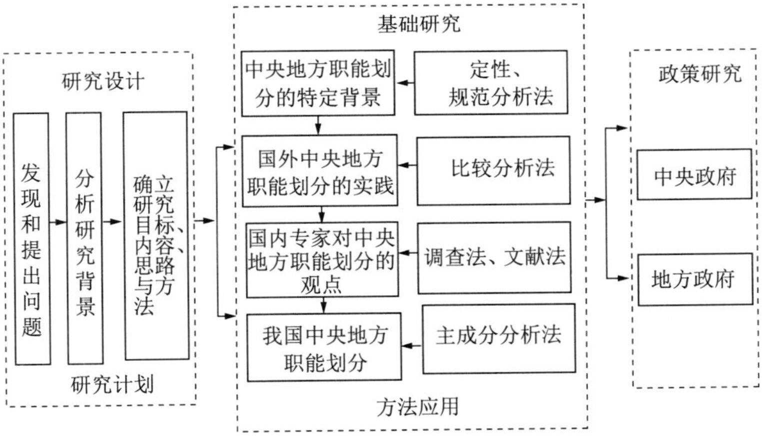

图 1.1　本书的研究思路与方法

第四节　主要研究内容

无论从国际还是国内看，中央与地方公共职责分工体系所涉及的内容很多，既涉及国家的治理架构，又涉及地方政府的治理模式；既涉及中央与地方政府的职能划分，又涉及中央与地方的财税关系；

既涉及中央与地方政府的管理幅度，又涉及从中央到地方的行政层级。在具体到新型城镇化视角下中央与地方公共职责分工体系时，本书重点讨论三个方面的内容：一是中央与地方事权如何划分；二是中央与地方财权如何划分；三是从中央到地方的行政层级有没有改革的空间，由此形成中央与地方公共职责分工体系的三根柱子。

一、中央政府与地方政府的事权划分

在我国经济起飞阶段，政府把主要精力放在经济建设上，集中力量做大经济总量，使我国成为世界第二大经济体。但随着我国进入公共产品短缺时代，政府的主要职能应该由经济建设向公共服务回归，由此形成公共服务型政府的制度安排。在这个前提下，中央政府的主要职能是什么，地方各级政府的主要职能是什么，都需要做出合理的制度安排。中共十八届三中全会明确提出："适应加强中央事权和支出责任，国防、外交、国家安全、关系全国统一市场规则和管理等作为中央事权；部分社会保障、跨区域重大项目建设维护等作为中央和地方共同事权，逐步理顺事权关系；区域性公共服务作为地方事权。"本书立足于到2035年基本公共服务均等化基本实现，明确界定各级政府的公共服务职能，并力求建立完善的中央与地方公共职责分工体制。在这个基础上，加强中央政府对地方政府的考核与约束。

二、中央政府与地方政府的财权划分

在研究中央与地方关系时，财权与事权相匹配是一条基本原则。各级政府事权明确是合理划分财权的基本前提。为此，中共十八届三中全会明确提出："中央和地方按照事权划分相应承担和分担支出责任。中央可通过转移支付将部分事权支出责任委托地方承担。对于跨区域且对其他地区影响较大的公共服务，中央通过转移支付承担一部分地方事权支出责任。"推进以人为核心的新型城镇化，就需要把实现基本公共服务均等化作为中央与地方财权划分的基本原则。本书从地方治理的现实需求出发，提出建立事权与支出责任相适应的制度框架，包括以公共服务为中心调整财政支出结构、深化税收体制改革、完善地方税体系、深化省以下财政体制改革等内容。

三、调整行政区划

研究中央与地方公共职责分工，行政区划也是必须考虑的一个重点内容。从国际经验看，合理的行政区划有利于各级政府更有效地履行公共服务职能。当前，中小城镇公共资源配置不合理已经成为制约新型城镇化的突出矛盾，究其根源，主要在于按行政等级配置公共资源的城镇管理体制，由此导致我国大中小城镇发展不平衡。在这个背景下，一方面，需要推进公共资源配置均等化，推动公共资源配置向中小城镇倾斜，由此促进中小城镇发展，使中小城镇成为吸纳农村转移人口的主要载体；另一方面，要以新型城镇化为重点调整行动区划。调整行政区划的话题在十多年前就有专家提出过，也引起学术界的广泛讨论。但是今天，在推进以人为核心的新型城镇化背景下，通过调整行政区划推动公共资源配置均等化，显得更为迫切、更为关键。

第五节 结构安排

本书从新型城镇化的视角研究我国中央与地方公共职责分工体系。全书共分九章，除了第一章绪论、第二章文献综述与理论基础和第十章结语外，每一章均突出以问题为导向，重点剖析现行体制存在的突出矛盾，并提出相应的改革建议。

第二章是文献综述与理论基础。主要界定了本书中的基本概念，对国内外研究进展进行综述，回顾了本研究的相关理论基础，为研究主题提供理论支撑。

第三章是新中国成立以来中央与地方关系的历史演进。分三个阶段：中央与地方关系的确立与发展、改革开放后的“放权让利”、分税制改革以来我国中央地方关系的演进，并分析了每个阶段的突出问题。

第四章是以经济总量为导向的中央地方关系的基本特征及其面临的突出矛盾。主要分析了以经济总量为导向的中央地方关系的基本特征，以及存在的突出矛盾，提出在新型城镇化的背景下，以经济总量为导向的中央地方关系到了非改不可的地步。

第五章是发达国家中央与地方关系的历史考察。以问题为导向，从事权、财权两个方面分析发达国家中央地方关系的基本特征，为本书提出对策建议提供经验借鉴。

第六章是实现中央地方关系由经济总量导向转向公共服务导向。从当前我国进入公共产品短缺时代的现实需求出发，构建了以公共服务为导向中央地方关系的基本框架。

第七章是以基本公共服务均等化为目标明确中央与地方公共职责分工。在前文分析的基础上，提出合理划分中央地方公共职责分工的相关建议，并提出要形成中央对地方政府经济行为的制度约束，由此实现中央与地方公共职责的有效分工。

第八章是以形成有效的地方治理为重点改革中央地方财税关系。在明确中央地方公共职责分工的前提下，需要中央地方财权也做出相应调整，才能实现事权与财力相匹配，才能保证地方政府有效履行公共职责，才能保障地方政府实施有效的地方治理。

第九章是以公共资源均衡配置为目标调整行政层级。中小城镇发展滞后的根源在于公共资源配置不均，本章提出以公共资源配置均等化促进中小城镇的发展，并在前人研究的基础上再次探索调整行政层级的问题。

第二章　文献综述与理论基础

改革开放40年来，中央与地方关系的调整基本上适应了我国市场经济发展的客观要求。在城镇化加快发展的今天，正如李克强总理所言："未来几十年最大的发展潜力在城镇化"。以新型城镇化为背景研究中央地方关系调整的现实路径，是本研究的基本出发点。通过对国内外文献的梳理及新中国成立以来中央地方关系的历史回顾，为客观分析新型城镇化背景下中央地方关系奠定了重要基础。

第一节　基本概念的界定

本书需要界定的相关概念主要包括"新型城镇化""政府公共职责"和"公共资源"。

一、新型城镇化

在界定新型城镇化的概念之前，首先要明确城市化与城镇化的概念，由此可以对新型城镇化有一个更深刻的理解。

城市化最初被西方学者用来描述工业革命后人口流动与产业变迁的状况，即在工业革命的推动下，农村人口不断向非农产业和城市的转移与集聚。马克思认为，城市化的实质是产业化、资本化，是适应资本原始积累和资本流动的必然产物，是“工业资本和利润无情驱动和支配的结果，资本家按自己的意愿创建城市人文物质景观”。[①] 也就是说，资本主义国家最初的城市化是为资本服务的。美国实证主义地理学家大卫·哈维在《资本的城市化》中也指出，“资本主义的城市化是资本的城市化”。[②]

城镇化的英语与城市化相同，都是“Urbanization”。城镇化是中国的概念，是我国学者对改革开放以来经济社会发展的概括与总结，是西方城市化概念的中国化，与我国特殊的国情相适应。辜胜祖认为，城镇化的提法更符合我国的基本国情，体现了中国特色的发展模式。实际上，城镇化是反映我国城乡二元结构变迁过程的一个提法。王梦奎等人认为，城镇化是要让农村人口从农村迁移到城镇，改变其“传统的生产和生活方式，逐步消除城乡二元结构”。[③] 从党和国家的政策文件看，我国 2000 年在《关于制定国民经济和社会发展第十个五年计划的建议》中正式采用“城镇化”的概念，随后开始被学术界普遍接受。

所谓新型城镇化，是针对我国过去传统城镇化而言的，是在传统城镇化发展面临突出矛盾的背景下提出的，目前学术界尚未有标准的定义。简新华（2003）认为，新型城镇化是城镇化与新型工业化、现代化、信息化适度同步发展，集中型城镇化与分散型城镇化

① ［德］马克思．资本论（第 1 卷）［M］．北京：人民出版社，1975：820-875.

② Harvey D. The Urbanization of Capital: Studies in the History and Theory of Capitalist Urbanization [M]. Baltimore : the John Hopkins University Press, 1985: xvii, 239.

③ 王梦奎，冯并，谢伏瞻．中国特色城镇化道路［M］．北京：中国发展出版社，2004：29.

相结合，据点式城镇化与网络式城镇化相结合，大中小城市和小城镇协调发展，市场推动、政府导向，自上而下城镇化与自下而上城镇化相结合，城市发展方式多样化和合理化，以内涵方式为主的城镇化。魏娟等（2008）认为，新型城镇化是指以科学发展观为指导，实现经济高效、社会和谐、资源节约、环境友好、区域城乡统筹发展、城镇体系结构合理的城镇化可持续发展。牛文元（2009）认为，新型城镇化是人口、资源、环境和发展四位一体，城乡统筹发展和城乡一体化、城乡公共服务均等化，城乡分享财富机会平等，逐步消除城乡二元结构达到社会和谐的城镇化。

从实践看，1983 年，费孝通把苏南地区以集体经济和乡镇企业为核心、追求共同富裕的城镇化发展模式概括为“苏南模式”，这被看作是我国新型城镇化的雏形。到本世纪之初，广东、福建、重庆等地结合本地实际，以产业推动城镇化建设，走出一条产城融合的新型城镇化之路。中共十八届三中全会《决定》明确要求“坚持走中国特色新型城镇化道路，推进以人为核心的城镇化”，从中可以看出，新型城镇化的核心是人。2014 年 3 月，中共中央、国务院印发《国家新型城镇化规划（2014—2020）》。这些政策文件为进一步研究、探索新型城镇化提供了重要依据。

本书对新型城镇化的界定是：区别于传统以规模扩张、工业推动、行政主导为主要特征的城镇化，是以人为核心，以实现城乡基本公共服务均等化为主要目标，政府引导、市场主导、服务业推动，体现全面协调可持续发展的城镇化道路。

二、政府公共职责

本书所讲的政府公共职责就是政府的公共服务职责。政府公共服务职责就是政府按照宪法的规定履行法定职能过程中衍生出的、对公众负有的提供公共服务的责任。关于公共服务的概念，目前学术界有不同的定义，但大部分学者是基于经济学中非排他性、非竞争性的公共产品概念引申出公共服务的概念。例如，陈昌盛、蔡跃洲（2007）将公共服务定义为“建立在一定社会共识基础上，一国全体公民不论其种族、收入和地位差距如何，都应公平、普遍享有的服务”。本书也认同这一定义。从实践看，公共服务是21世纪公共行政和政府改革的核心理念，包括加强城乡公共设施建设，发展教育、科技、文化、卫生等公共事业，为社会公众参与经济社会生活等提供保障。

到底哪些是政府的公共服务职能？要界定清楚这个范围，首先需要将公共服务分类。根据公共服务的内容和形式可将其分为四类：一是基础公共服务，是国家为公民及社会组织提供的其从事生产、生活、发展和娱乐等活动所需要的基础性服务，包括水、电、气、交通、通讯、邮电、气象等服务；二是经济公共服务，是国家为公民和社会组织从事经济发展活动所提供的各种服务，包括科技推广、咨询服务、政策性贷款等；三是公共安全服务，是国家为公民提供的安全服务，包括军队、警察、消防等方面的服务；四是社会公共服务，是国家为了满足公民自身发展需要所提供的服务，包括教育、科学普及、医疗卫生、社会保障、环境保护等。

在讨论公共服务时，必然涉及基本公共服务。从公共服务的分类来看，公共服务可以分为基本公共服务和非基本公共服务，本书重点讨论基本公共服务。如何判断一项公共服务是否属于基本公共服务，标准也不尽一致。例如，孟春等（2004）认为，基本公共服务包括基本的公共教育、公共卫生、社会保障、基础设施、公共安全等。常修泽（2007）等认为，基本公共服务应包括四方面：一是就业服务和基本社会保障等“基本民生性服务”；二是义务教育、公共卫生等基本医疗、公共文化等“公共事业性服务”；三是公益性基础设施和生态环境保护等“公共基础性服务”；四是生产安全、消费安全、社会安全、国防安全等“公共安全性服务”。迟福林（2008）认为，基本公共服务包括义务教育、基础卫生医疗、就业和社会保障等。从党的政策文件看，中共十六届六中全会发布的《中共中央关于构建社会主义和谐社会若干重大问题的决定》，将基本公共服务明确为教育、卫生、文化、就业再就业服务、社会保障、生态环境、公共基础设施、社会治安等。关于基本公共服务内涵的界定，学者们对将义务教育、医疗卫生、养老保障、住房与就业纳入基本公共服务的范围，一般没有异议；对将公共基础设施和公共文化纳入基本公共服务的范围，尚有不同看法。本书将基本公共服务的范围界定在义务教育、基本医疗与公共卫生、社会保障、公共就业服务和基本住房保障。

从实践看，无论是发达国家还是我国，都需要把政府公共职责在中央政府与地方政府之间进行合理划分，这也是本书的研究重点所在。政府间公共服务职责的划分是指在多级政府格局下，政府间公共服务职责划分的权力主体或其委托机构根据宪法及相关法律制度，通过法定程序，对政府公共服务职责在多级政府之间进行划分、调整和评价等方面的制度安排，主要目标是提升政府效率。

三、公共资源

公共资源的概念源于公共产品，是指满足全体社会成员公共需求的产品。如果某种产品或服务具有受益的非排他性，但在供给上具有区域的竞争性，则该产品或服务就是公共资源。本书对公共资源的界定是：公共资源是隶属于全社会、由政府掌握、可满足公共利益的资源。

作为政府公共管理的对象，公共资源主要包括三个方面的内容：一是社会资源。主要指公用事业领域具有基础性、先导性、公用性的资源，如供水、供气、供热、公共交通、污水或垃圾处理等行业特许经营权，以及教育、医疗、公共文化等领域基本公共服务均等化所需要的公共资源等。二是自然资源。主要指土地、矿藏、水流、森林、山岭、荒地、海域、滩涂等，如经营性土地使用权、采矿权等。三是行政资源。主要指政府依法履行经济调节、市场监管、社会管理和公共服务职能所形成及衍生的资源，如户外广告设置权和网吧经营权等。

从经济学视角来看，公共资源具有两个基本特征：一是在产权上大多属于公有产权，具有“非排他性”；二是公共资源的有限性带来使用上的“竞争性”。因此，公共资源需要在竞争中提高其配置效率。

总的来看，新型城镇化、政府公共职责、公共资源三个概念之间有着其内在的逻辑性：随着我国城镇化进程加快，一方面，中央与地方政府的公共职责需要做出调整；另一方面，中央政府和地方政府都需要推动公共资源配置均等化，由此才能实现大中小城市和中小城镇协调发展。

第二节　国内外研究状况综述

长期以来，中央与地方关系的研究一直受到国内外学者的广泛关注，这些研究成果对各国中央与地方关系的改善产生了重要影响，对我国改革调整中央与地方关系也具有某些指导与借鉴意义。

一、国外研究状况综述

国外学者对中央与地方关系的研究主要集中在20世纪60年代至80年代末期，讨论的焦点集中在中央政府与地方政府的分权模式。这些研究对我国调整优化中央与地方关系、合理划分中央与地方公共职责有着重要的理论指导意义。其中，具有代表性的成果有以下四个方面：

1. 史密斯主义

1851年，英国法学家史密斯在他的著作《地方自治与中央集权》一书中提出，中央集权与地方自治不能偏颇、而应该均衡，这被称作“史密斯主义”。

2. 拉焦尔关于中央与地方关系的三模式论

1968年，法国学者拉焦尔在其著作《行政部门的机构》一书中提出中央与地方分权的三种模式：一是中央与地方政府的政治性分权。这种模式一般是在联邦制下分权，是中央政府与地方政府之间的权限分离，地方政府权力以宪法为基础，与中央政府是对等关系，其财政自主，且地方政府领导人由民主选举产生；二是中央与地方的行政性分权。这种模式下，中央与地方不是对等关系，地方政府从属于中央政府，但拥有一定程度的自治权和部分财权，地方政府领导人由选举或中央政府任命两种方式产生；三是中央对地方的行政权转让。这种模式下中央政府向地方政府下放（转让）部分权限，地方政府完全从属于中央政府，实际上是中央政府的派出机构，其没有财政自主权，主要人员要由中央政府派出。①

3. 罗斯关于中央与地方关系的三种构想

英国政治学者罗斯在他的著作《从中心政府到民族范围的政府》一书中提出，中央政府与地方政府都有独立性，地方政府还具有自律性；中央与地方关系可以划分为相互独立（双方各不统属）、相互依存（双方在诸多事务上彼此参与，共同合作）、单方依存三种模式。②

4. 艾伦将中央与地方关系归结为合伙型和代理型

英国学者艾伦在 1987 年版《布莱克维尔政治学百科全书》的词条中通过分析世界各国中央与地方关系发展史，将中央与地方关系归结为合伙型和代理型两种类型。合伙型是中央与地方关系的理想状态，前提是把地方政府看成是与中央政府平等的合作者，例如瑞士、荷兰等国，一些自治的社区最初本着相互帮助和支持的目的结合成一体。这一模式下中央与地方不具有对抗性，中央与地方在共同事务上能够良好合作。代理型是指中央政府与地方政府在权力分享上处于不平等地位，地方政府的权力来自于中央政府授权，地方

---

① 转引自：［日］松村歧夫．地方自治［M］．孙新，译．北京：经济日报出版社，1989：3.

② 转引自：［日］松村歧夫．地方自治［M］．孙新，译．北京：经济日报出版社，1989：122.

政府仅是中央政府的代理机构。①

除了上述四种代表性成果外，G·W·琼斯（1980）主编的《中央与地方政府关系研究的新方法》一书，主要探索用什么样的新思维与方法来研究中央与地方关系②；伊夫·梅尼、文森特·赖特（1985）在他们合著的《西欧国家中央与地方的关系》一书中分析了西欧英、法、德、西、意、比六国的中央与地方之间的各种关系③；佩奇、戈登史密斯（1987）在其合著的《中央与地方关系：西欧单一制国家的比较分析》一书中对西欧国家中央与地方关系进行了比较研究，认为中央与地方关系的症结在于地方政府的权力张力、自由裁量权，以及地方与中央的紧密程度三个方面④；日本学者松村歧夫（1989）在他的著作《地方自治》一书中将日本政府间的关系归结为垂直式行政控制模式和相互依存模式，地方政府应该服从于中央政府，而中央政府则应给予地方政府一定的财力支持。⑤

二、国内研究状况综述

我国研究中央与地方关系的文献比较多，有经济学视角的，也有政治学视角的，还有跨学科研究的，在此以问题为导向梳理国内相关研究文献。

---

① ［英］戴维·米勒，韦农·波格丹诺．布莱克维尔政治学百科全书［M］．邓正来，译．北京：中国政法大学出版社，2002：96.

② 转引自：金太军，赵晖．中央与地方政府关系建构与调谐［M］．广州：广东人民出版社，2005：9.

③ 转引自：金太军，赵晖．中央与地方政府关系建构与调谐［M］．广州：广东人民出版社，2005：4.

④ Edward C. Page Michael J. Goldsmith. Central and Local Government Relations：A Comparative Analysis of West European Unitary States. London：Sage Publications. Sage Modern Politics Series，1987，Vol. 13.

⑤ ［日］松村歧夫．地方自治［M］．孙新，译．北京：经济日报出版社，1989：121.

1. 从经济体制改革的视角研究中央与地方关系

这种观点认为中央与地方关系是随着我国经济体制改革的深入而不断变化的，尤其是我国由计划经济体制向市场经济体制的转变，推动了中央与地方关系的重大调整。薄贵利、金相文（1997）指出，随着我国社会主义市场经济体制的逐步确立，中央与地方政府管理权限的划分呈现四大趋势：一是由梯度分权向地方均权发展；二是纵向分权与横向分权相结合；三是经济权力下放与行政权力下放协调统一；四是加强对下放到地方的权力的监督与制约。[①]金太军（2003）强调，我国中央地方关系的变迁实际上是我国经济体制改革过程的集中体现。改革开放30多年来，我国中央与地方关系在由计划经济体制向市场体制转变的过程中实现了重大调整，为了避免中央与地方关系“一收就死、一放就乱”的困局，必须加快构建完善的社会主义市场经济体制。[②] 赵晖（2005）指出，中央与地方的集权和分权本质上是经济体制改革在上层建筑的体现。在市场经济条件下，中央与地方关系的合理选择是建立中央与地方双向依赖的集分平衡结构。[③] 迟福林（2011）指出，地方政府主导型经济增长方式源于总量导向的中央与地方关系，要以转变经济发展方式为主线改革现行央地关系。[④] 周飞舟（2012）指出，中央与地方关系调整带来了地方政府公司化倾向，并由此产生了一系列负面影响。[⑤] 宣晓伟（2014）认为，中央与地方关系的调整是我国30多年来经济社会

① 薄贵利，金相文．市场经济条件下中央与地方权限调整的基本趋势［J］．政治学研究，1997（3）：29-34.

② 金太军．经济转型与我国中央地方关系制度变迁［J］．管理世界，2003（3）：43-51.

③ 赵晖．经济学视角下中央与地方的关系［J］．统计与决策，2005（24）：47-48.

④ 迟福林．以政府转型为重点改革中央地方关系［J］．中国行政管理，2011（8）：59-61.

⑤ 周飞舟．财政资金的专项化及其问题 兼论“项目治国”［J］．社会，2012（1）：1-37.

快速发展的根本原因之一。[①]

2. 从政府职权划分视角研究中央与地方关系

这种观点认为，中央与地方政府的职能应该更加明晰，避免中央与地方职能交叉重叠，从而影响行政效能。吴晓求（1996）认为，充分发挥政府在经济发展中的促进作用，必须处理好中央与地方关系，明确中央与地方政府各自的职能范围、权责和义务，发挥各自的优势，调动各方面的积极性。[②] 薄贵利（1999）指出，中央与地方的权责划分，历来是国家政治管理和行政管理的重大理论问题和实际问题。他强调权力下放就是为了调动地方积极性，提高管理效率，实现管理科学化；扩大地方自主权就是扩大地方政府的自主权，包括公民的民主权利。[③] 沈荣华（2007）提出了我国各级政府公共服务职责划分的指导原则和改革方向，认为我国应该合理划分各级政府的公共服务职责，建立惠及全民的基本公共服务体系。[④] 邵明阳（2008）将我国中央与地方政府权利划分分为 3 个阶段：1949—1992 年为行政性分权阶段；1992—2004 年为经济型分权阶段；2004 年之后为公平性分权阶段，强调公共产品供给的公平性。他认为，我国中央与地方政府分权的状况随着国家发展战略的变化而变化。[⑤] 迟福林（2011）指出，要按照公共职责的分工确立中央与地方关系，强

---

① 宣晓伟．中央地方关系调整与现代化转型——“现代化转型视角下的中央与地方关系研究”之一［J］．中国发展观察，2014（8）：41-43.

② 吴晓求．论政府职能以及中央与地方的职权划分［J］．新视野，1996（3）：22.

③ 薄贵利．中央与地方权限划分的理论误区［J］．政治学研究，1999（2）：23-29.

④ 沈华荣．各级政府公共服务职责划分的指导原则和改革方向［J］．中国行政管理，2007（1）：9-14.

⑤ 邵明阳．从效率性分权到公平性分权：当代中国中央与地方权力调整轨迹分析［J］．经济社会体制比较，2008（5）：91-96.

化各级政府的公共服务职能，保障和改善民生。[①]

3. 从利益博弈的视角研究中央与地方关系

这种观点强调中央与地方政府在利益面前的动态博弈过程。潘小娟（1997）认为，中央与地方职权划分是一个动态的变化过程，必须随着经济社会发展水平的提升而适时调整。同时，中央与地方政府职权调整牵涉到权力和利益的再分配，必然会有一定的阻力，要随着时机和条件逐步成熟推进。[②] 金太军（1999）认为，处理好中央与地方关系，关键在于建立符合实际，又能为各方所接受的利益协调机制，而这种机制处于动态的调整中。[③] 辛向阳（2000）认为，我国从晚清政府到现在的中央与地方关系是一部博弈关系史，中央与地方政府主要围绕经济利益和政治利益进行博弈。[④] 邢孟军（2004）认为，市场经济的快速发展增强了地方政府与中央政府讨价还价的能力，而激励与问责机制相对滞后导致地方政府产生自利化的行为，由此使中央与地方关系一直处在博弈的过程中。[⑤] 林荣日（2005）认为，中央与地方政府间权力博弈的根本动机是利益。改革开放之前约 30 年的中央地方关系基本上属于不对等的博弈关系；改革开放以来，随着中央权力的下放，双方博弈条件得到改善，尤其是实行“分灶吃饭”的财政包干制后，出现地方财力增长和权力膨胀；分税制再次调整了中央与地方的博弈条件，使双方进入一个相

① 迟福林．以政府转型为重点改革中央地方关系［J］．中国行政管理，2011（8）：59-61.

② 潘小娟．中央与地方关系的若干思考［J］．政治学研究，1997（3）：16-21.

③ 金太军．当代中国中央政府与地方政府关系现状及对策［J］．中国行政管理，1999（7）：67-71.

④ 辛向阳．百年博弈：中国中央与地方关系 100 年［M］．济南：山东人民出版社，2000：269-277.

⑤ 邢孟军．转型期地方政府与中央政府博弈关系探析［J］．广东行政学院院报，2004（10）：56-58.

对公平的博弈轨道，具体表现为双方可以通过讨价还价、友好协商的方式制定相关政策。[①] 郑永年（2013）认为，目前中国存在的很多地方发展模式大都来自于地方官员，地方创新符合地方官员的利益；中国不是一个联邦制国家，但改革开放以来，中央政府为了促进经济增长，将部分权力下放到地方政府，使中央政府与地方政府的关系越来越具有行为联邦制的特点。[②]

三、城镇化进程中的中央与地方关系

我国学者从不同角度对中央地方关系进行了广泛而深入的研究，对理顺中央与地方关系有着重要的指导意义，也为进一步探讨中央与地方关系奠定了坚实基础。在这些研究基础上，本书拟从城镇化的视角来研究中央与地方关系，希望在新型城镇化背景下，为改革、调整中央地方关系寻找一条新路。

1. 城镇化与中央地方关系存在极高的关联性

城镇化实质上是各种生产要素向城镇集聚的过程，而中央与地方关系的核心问题是中央与地方的分权。无论是从理论还是从实践看，城镇化与中央地方关系都有着极高的关联性。王斌、张婷玥（2014）通过2002—2011年10年间的城镇化率和中央与地方财政收入及比重考量了二者之间的关联性，分析显示二者在数据上存在极高的相关性。[③] 从我国的实践看，中央与地方关系的调整主要涉及权力与资源（财权）的纵向配置问题，而城镇化是各种资源在城镇间

① 林荣日．中央与地方利益博弈和权力博弈模型初探［J］. 复旦公共政策评论，2005（6）：68-69.

② 郑永年．中国的“行为联邦制”中央—地方关系的变革与动力［M］. 北京：东方出版社，2013：306.

③ 王斌，张婷玥. 城镇化中的中央与地方关系［J/］．法制与社会，2014（5）：149.

的横向配置，这两者是有机的统一。

2. 新型城镇化对调整中央与地方公共职责分工提出新要求

新型城镇化的核心是人的城镇化。从我国的情况看，现行中央地方关系以经济总量为导向，而非以公共服务为导向，加之中央地方事权与财力不匹配，从而影响人的城镇化进程中公共服务责任难以在不同层级的政府之间有效划分和承担。尤其是在分税制改革之后，形成了以地方为主的公共服务支出格局，使得不同地区公共服务水平与经济发展程度紧密相关。尽管过去10多年我国推动了乡财县管、省直管县等改革，对推进新型城镇化起到了积极作用，但由于中央与地方公共职责分工不明，事权与财力相适应的制度尚未建立，在行政力量推动下，大量公共资源流向大中城市，中小城市和小城镇难以获得足够的发展资源，加剧了大中小城市之间的发展差距。在新型城镇化的背景下，需要重新调整优化中央与地方公共职责分工。

3. 中央与地方财权合理划分有助于解决城镇化集聚

费农·亨德森（2014）通过对发展中国家城市化进程的分析，认为过度集聚的成本源于超大城市膨胀的规模和落后的制度安排，分权化的政府治理架构与制度安排，可以促进城市获得更大的分散化发展。而分权化治理的关键因素是地方政府收入的来源，以及支持地方实行自治的资本账户的建立。[①] 从我国城镇化的实践看，人口向超大城市和大城市集聚也存在这样的共性问题，无一例外地带来交通拥堵、空气和水资源的污染、高房价等一系列城市病。由此，在推进新型城镇化的进程中，需要以公共服务为中心来划分中央与

① 费农·亨德森．发展中国家的城市化［J］．经济社会体制比较，2014（6）：30.

地方政府的支出责任，逐步建立起事权与财力相适应的制度。

第三节 政府间公共职责划分的理论基础

经济学理论为中央与地方公共职责分工的研究提供了丰富的理论支撑，这主要包括公共产品理论、公共选择理论、福利经济学理论、委托—代理理论、博弈论、财政分权理论等。本书简要地对这些理论进行回顾。

一、公共产品理论

公共产品理论是公共经济学、政府经济学的一个基本理论，也是正确处理好政府与市场关系、政府职能转变的理论基础。根据公共经济学理论，社会产品分为公共产品和私人产品。其中，每个人消费公共物品不会导致别人对该种产品消费的减少。

与私人产品相比，公共产品具有三大特征：一是效用的不可分割性。如国防、外交、治安等。二是受益的非排他性。即任何人消费公共产品不排除他人消费，因而不可避免地会出现“搭便车”的现象。三是消费的非竞争性。即新增消费者不需要增加供给成本。

从该理论的发展脉络看，早在19世纪末，奥地利和意大利学者就将边际效用理论运用于财政学研究上，论证了政府和财政在市场经济运行中的合理性、互补性，形成了公共产品理论。1919年，林达尔均衡成为公共产品理论最早的成果之一。他认为，如果每个社会成员都按照所获得的公共产品边际效益的大小来承担费用，则公共产品的供给量可以达到帕累托最优。该理论使人们对公共产品的供给水平问题取得了一致认识，即分摊的成本与边际收益成正比。萨缪尔森则对公共产品配置的最优条件，即一般均衡模型进行了描述，即私人产品对公共产品的边际替代率之和应等于边际转换率。萨缪尔森分别于 1954 年、1955 年发表了《公共支出的纯粹理论》和《公共支出理论的图式探讨》，提出并解决了部分公共产品理论的核心问题。20 世纪 70 年代后，公共产品理论主要集中在设计机制以保证公共产品提供的效率。

二、公共选择理论

公共选择理论是一门介于经济学和政治学之间的交叉学科，它以微观经济学的基本假设、原理和方法作为分析工具，研究政治主体的行为和政治运行。

1938 年，伯格森发表《福利经济学可能前景的重述》，成为公共选择理论的起点；1951 年，阿罗发表《社会选择和个人价值》推动了该理论的发展，此后大量著作开始涌现。公共选择理论真正成为一个独立学科的标志是布坎南和戈登·塔洛克《同意的计算——立宪民主的逻辑基础》一书的出版。而邓肯·布莱克被戈登·塔洛克称为公共选择理论之父，他于 1948 年提出中位选民理论，并于 1958 年出版 *The Theory of Committees and Elections* 一书。

目前，公共选择理论还存在一些争论，例如，公共选择理论对社会福利函数的争论焦点在于社会福利函数是否存在，尤其是 1950 年肯尼斯·阿罗提出著名的“不可能定理”以来，很多人认为社会福利函数已被宣判死刑。再例如，在投票规则设计上，长期存在着多数规则与一致同意规则的争论，达尔（1956）认为，多数规则是按人头论多少，把不平等的强度平等化了。而阿马蒂亚·森则认为多数规则尽管存在一些重要缺陷，但在公共选择中具有重要地位，“在所有集体选择规则中，多数决定方法可能比其他方法都得到更多研究……容易理解且具有广泛的吸引力”。

三、福利经济学理论

福利经济学是研究社会经济福利的一种经济学理论体系，它是由英国经济学家霍布斯和庇古于20世纪20年代创立的。1920年，庇古发表《福利经济学》，系统论述了福利的概念及其政策机理，创建了福利经济学的完整体系。

效用理论是福利经济学的基础概念和理论。效用是衡量个人需求满足程度的基本单位，是一种可以排序的主观感受。福利经济学对效用的研究主要集中在三个方面：一是经济效率和帕累托标准；二是市场的效率缺陷；三是政府的效率作用。

福利经济学的主要特征是：第一，以一定的价值判断为出发点，根据已确定的社会目标来建立理论体系；第二，以边际效用基数论或边际效用序数论为基础，建立福利概念；第三，以社会目标和社会理论为依据，制定经济政策方案。

西方经济学家在庇古的福利经济学基础上进一步研究，发展形成了新福利经济学，其代表人物有意大利的帕累托，美国的勒纳、霍特林、萨缪尔森，英国的卡尔多等人。他们提出了假想的“补偿原理”，建立了效用序数论，编制了社会福利函数。

四、委托—代理理论

委托—代理理论是20世纪30年代美国经济学家伯利和米恩斯在发现企业所有者兼经营者的做法存在极大弊端的情况下提出的，他们倡导所有权与经营权分离，企业所有者保留剩余索取权，而将经营权予以让渡。

委托—代理理论是制度经济学契约理论的主要内容之一，主要研究的委托—代理关系是一个或多个行为主体根据一种明示或隐含的契约，指定、雇佣另一些行为主体为其服务，同时授予后者一定的决策权利，并根据后者提供的服务数量和质量对其支付相应的报酬。

委托—代理理论的基本思想包括：第一，委托人与代理人之间存在着明显的信息不对称；第二，在报酬由委托人支付的情况下，代理人从自身的利益出发，可能采取某些机会主义的行为，使自身效用最大化，并降低自身所承担的风险。同时，由于信息不对称，委托人与代理人都可能存在着不道德的欺诈甚至违法行为，而监控不道德行为的成本又非常高；第三，委托人预期效用的实现依赖于代理人的行为，同时也取决于委托人在契约中的制度安排与承诺。

近二三十年来，委托—代理理论的研究方法发展迅速。主要有三类：一是由威尔逊、斯宾塞、泽克豪森和罗斯最初使用的“状态空间模型化方法”，这种模型的优点是每种技术关系都很自然地表现出来，但是无法得到经济上有信息的解；二是由莫里斯最初使用，霍姆斯特姆进一步发展的“分布函数的参数化方法”，这种方法已经成为标准化方法；三是一般分布法，这种方法最为抽象，它虽对代理人的行为及发生的成本没有很清晰的解释，但它能得到一个非常简练的一般化模式。

五、博弈论

博弈论也被称为对策论，是现代数学的一个新分支，也是运筹学的一个重要学科。博弈论研究决策主体的行为发生直接相互作用时候的决策，以及这种决策的均衡问题。当前，博弈论已成为经济学的标准分析工具之一，在金融学、国际关系、政治学等很多学科都有广泛的运用。

根据不同的基准，博弈的分类有所不同。一般认为，博弈主要分为合作博弈和非合作博弈，两者的区别在于相互发生作用的当事人之间是否存在一个有约束力的协议。如果有，就是合作博弈；如果没有，就是非合作博弈。

从行为的时间序列性看，博弈分为静态博弈和动态博弈。静态博弈指在博弈中，参与人同时选择或虽非同时选择但后行动者并不知道先行动者采取了什么具体行动，例如“囚徒困境”即属于静态博弈；动态博弈指在博弈中，参与人的行动有先后顺序，且后行动者能够观察到先行动者所选择的行动，例如棋牌类游戏等决策或行动有先后次序的即属于动态博弈。

按照参与人对其他参与人的了解程度，博弈分为完全信息博弈和不完全信息博弈。完全信息博弈指每一位参与人对其他参与人的特征、策略空间及收益函数都有准确的信息；不完全信息博弈指参与人对其他参与人的特征、策略空间及收益函数信息了解得不够准确，或者不是对所有参与人的特征、策略空间及收益函数都有准确的信息。

经济学所讨论的博弈一般指非合作博弈，主要分为完全信息静态博弈、完全信息动态博弈、不完全信息静态博弈、不完全信息动态博弈，这四种博弈所对应的均衡分别为纳什均衡、子博弈精炼纳什均衡、贝叶斯纳什均衡、精炼贝叶斯纳什均衡。

六、财政分权理论

财政分权是建立在政府事权基础上，遵循效率与公平原则，具体表现为各级政府具有相对独立的财政收入与支出责任，是处理中央与地方政府及各级政府间关系的一种财政体制。

财政分权理论研究的逻辑起点是地方公共财政得以存在的基础。西方学者主要从公共产品的层次性和空间特点切入，论证多级政府及财政分权的必要性和合理性。其中，具有代表性的观点有：

第一，斯蒂格勒的最优分权理论。斯蒂格勒认为，可以从两条原则出发论证地方政府存在的必要性：一是与中央政府相比，地方政府更接近公众，更了解辖区内居民对公共服务的选择偏好及效用；二是一国国内不同的人有权对不同种类与不同数量的公共服务进行投票表决，与之相适应，不同种类与不同数量的服务要求由不同级次、不同区域的政府来提供。

第二，奥茨的分权定理。奥茨通过一般均衡模型分析发现，在等量提供公共产品的条件下，某种公共产品由地方政府提供优越于中央政府。他认为，“关于该物品的每一个产出量的提供成本无论对中央政府还是对地方政府来说都是相同的——那么，让地方政府将一个帕累托有效的产出量提供给它们各自的选民，则总是要比中央政府向全体选民提供任何特定的并且一致的产出量有效得多”。这就是著名的奥茨分权定理。

第三，特里西的偏好误识理论。美国经济学家特里西从信息角度描述了地方政府的优越性和地方分权的必要性。他认为，由于信息不完全，中央政府在提供公共产品过程中存在着失误的可能性，易造成对公共产品的过量提供或提供不足，而由地方政府来提供公共产品，社会福利才有可能达到最大化。

第四，蒂伯特的“用脚投票”理论。蒂伯特认为，个人在各辖区之间的流动，产生了一个类似市场的解决公共产品有效供给的方法。为实现效用最大化目标，个人通过“用脚投票”的迁移，选择能够提供给他们最满意的公共服务与税收组合的区域居住，每个人可以得到接近于其偏好的提供水平；而同时，各区域之间通过相互模仿、相互学习，将会实现社会福利的最大化。

西方经济学的相关理论为我国中央与地方关系的调整提供了重要的理论基础。尽管我国是一个单一制国家，西方理论中的某些原理或准则仍值得我们借鉴。例如，委托—代理理论为建立各级政府间公共职责的激励约束机制提供了重要参考；博弈论为客观分析各级政府间公共职责关系提供了方法论；福利经济学中的资源最优理论成为政府间合理划分公共职责的重要准则；财政分权理论为中央与地方政府之间事权、财权划分提供了重要依据。

第三章　新中国成立以来中央与地方关系的历史演进

新中国成立 70 年来，为适应我国经济社会发展的需要，我国中央与地方关系经历了几次大的调整，由建国初期的中央高度集中管理到改革开放后扩大地方自主权，中央与地方关系在不断调整中得到改善。梳理中央与地方关系的历史演进过程，对现阶段改革调整中央与地方关系具有重要的启示作用。

第一节　中央与地方关系的确立与发展

新中国成立后，党和政府对中央地方关系进行了多次调整，但由于特殊的历史条件，中央与地方关系缺乏稳定性，陷入“一收就死、一放就乱”的循环圈。总的来看，改革开放之前，中央高度集中的管理体制并未发生根本性改变。

一、高度集中的计划经济管理体制的确立

新中国成立之初，由于面临严峻的内外形势，中央政府不断加强对地方的管理，并形成了相应的制度安排，尤其是 1954 年《宪

法》的颁布实施，为中央地方关系明晰化奠定了重要基础。

1. 中央地方关系的确立

1949 年 10 月 1 日，中华人民共和国中央人民政府成立，根据《中国人民政治协商会议共同纲领》，“中华人民共和国的国家政权属于人民。人民行使国家政权的机关为各级人民代表大会和各级人民政府”；“各下级人民政府均由上级人民政府加以委任并服从上级人民政府，全国各地方人民政府均服从中央人民政府”。以党的六大中央局为依托，我国先后设立了六大行政区域，即东北、华北、华东、中南、西北、西南六大行政区。1949 年 12 月 16 日，中央人民政府政务院通过《大行政区人民政府委员会组织通则》，提出“各大行政区人民政府委员会是各该区所辖省（市）高一级的地方政权机关，并为中央人民政府政务院领导地方政府工作的代表机关”。

1950 年初，政务院公布的《省、市、县人民政府组织通则》规定，“省人民政府委员会为省一级地方政权机关，受主管大行政区人民政府委员会（或军政委员会）的直接领导，在不设大行政区人民政府的地区，省人民政府委员会受中央人民政府政务院的直接领导”；“市人民政府委员会为市地方政权机关，按隶属关系分别受中央或大行政区或省的直接领导”；“县人民政府委员会为县一级的地方政权机关，受省人民政府委员会的领导及主管区专员的监督指导”。1952 年 8 月，政务院通过的《中华人民共和国民族区域自治实施纲要》规定，“各民族自治区的自治机关统为中央人民政府统一领导下的一级地方政权，并受上级人民政府的领导”。1952 年底，中央人民政府发布《关于改变大行政区人民政府（军政委员会）机构与任务的决定》，决定“大行政区人民政府或军政委员会一律改为行政委员会。大区行政委员会是代表中央人民政府在各该地区进行领导与监督地方政府的机关”。总的来看，这一时期的中央地方关系基本上是战时军事管制，地方绝对服从中央。

2. 中央政府由两级建制走向一级建制

1954 年 6 月 19 日，中央人民政府委员会通过《关于撤销大区一级行政机构和合并若干省、市建制的决定》，指出“为了中央直接领导省市以便于更能切实地了解下面的情况，减少组织层次，增加工作效率，克服官僚主义；为了节约干部加强中央和供给厂矿企业的需要，并适当地加强省、市的领导，撤销大区一级的行政机构，是完全必要的和适时的”。与此同时，为了便利于中央加强对省、市的领导，对一些省市进行合并，进一步减少了中央直接领导的行政单位。①

1954 年 9 月 20 日，新中国第一部《宪法》公布实施，规定“中华人民共和国国务院，即中央人民政府，是最高国家权力机关的执行机关，是最高国家行政机关”；“中华人民共和国的行政区域划分如下：全国分为省、自治区、直辖市；省、自治区分为自治州、县、自治县、市；县、自治县分为乡、民族乡、镇”。

1954 年 9 月 21 日，《中华人民共和国地方各级人民代表大会和地方各级人民委员会组织法》公布实施，规定“地方各级人民委员会，即地方各级人民政府，是地方各级人民代表大会的执行机关，

---

① 根据《关于撤销大区一级行政机构和合并若干省、市建制的决定》，辽东、辽西两个省的建制均撤销，合并改为辽宁省；松江省建制撤销，与黑龙江省合并为黑龙江省；宁夏省建制撤销，与甘肃省合并为甘肃省；沈阳、旅大、鞍山、抚顺、本溪、哈尔滨、长春、武汉、广州、西安、重庆等十一个中央直辖市，均改为省辖市。沈阳、旅大、鞍山、抚顺、本溪五市并入辽宁省的建制；哈尔滨市并入黑龙江省的建制；长春市并入吉林省的建制；武汉市并入湖北省的建制；广州市并入广东省的建制；西安市并入陕西省的建制；重庆市并入四川省的建制。

是地方各级国家行政机关。地方各级人民委员会都对本级人民代表大会和上一级国家行政机关负责并报告工作。全国地方各级人民委员会都是国务院统一领导下的国家行政机关，都服从国务院”。

至当年 10 月，各行政大区及其相关党政机构全部取消，中央政府两级建制宣告结束，形成了国务院与省级政府的中央地方关系。

3. 财政资源向中央集中的特点突出

新中国成立初期，由于百废待兴，我国实行中央政府集中主要财力支持经济建设的财政管理体制。有数据显示，“一五”计划期间，我国国家财政收入年均增长 12.3%，中央支配的财力约占 75%，地方支配的财力仅占 25%。[①] 另外，“一五”期间，由国家财政集中的收入占国民收入的 31.3%，即每创造 100 元的国民收入，其中有 1/3 由财政集中分配，这为我国工业化奠定了重要基础。[②]

二、放权与收权的循环

在经济社会生活中，中央政府逐步认识到高度集中的管理体制严重束缚了地方政府的积极性，并由此制约了生产力的发展。于是中央开始放权，但由于权力下放过快，导致一些地方出现经济秩序混乱。在这种情况下，中央政府又开始收权。

1. 放权阶段（1956—1958 年）

中央政府高度集中的管理体制严重束缚了地方和企业的积极性，在一定程度上制约了生产力的进一步发展。毛泽东同志很快就认识

---

① 武力．陈云与 1957 年前后中央地方经济关系的调整［J］．党史研究与教学，2009（1）：65.

② 百年财政：国家财政稳固平衡［EB/OL］．人民网，2000-12-28.

到问题的严重性，1956 年 4 月，在其公开发表的《论十大关系》中明确将中央和地方关系作为“十大矛盾”之一，提出：“应当在巩固中央统一领导的前提下，扩大一点地方的权力，给地方更多的独立性，让地方办更多的事情。”“有中央和地方两个积极性，比只有一个积极性好得多。”“我们要提倡同地方商量办事的作风。党中央办事，总是同地方商量，不同地方商量从来不冒下命令。在这方面，希望中央各部好好注意，凡是同地方有关的事情，都要先同地方商量，商量好了再下命令。”

1956 年 9 月 16 日，周恩来同志在中共“八大”会议上做《关于发展国民经济的第二个五年计划的建议的报告》，提出改进国家行政体制，发挥地方积极性的七条放权原则。①

1956 年 10 月 13 日，中共中央、国务院联合下达《国务院关于改进国家行政体制的决议（草案）》的通知，明确提出划分中央和各省、自治区、直辖市行政管理职权的一些主要原则，例如，“明确地规定给予各省、自治区、直辖市有一定范围的计划、财政、企业、事业、物资、人事的管理权”；“凡关系到整个国民经济而带全局性、关键性、集中性的企业和事业，由中央管理；其他企业和事业，应该尽可能地多交给地方管理；企业和事业在下放的时候，同他们有

---

① 分别是：一是明确地规定各省、自治区、直辖市有一定范围的计划、财政、企业、事业、物资、人事的管理权；二是凡关系到整个国民经济而带全局性、关键性、集中性的企业和事业，由中央管理；其他的企业和事业，应该尽可能地多交给地方管理；企业和事业在下放的时候，同他们有关的计划、财务管理和人事管理一般地应该随着下放；三是企业和事业的管理，应该认真地改进和推行以中央为主、地方为辅或者以地方为主、中央为辅的双重领导的管理方法，切实加强对企业和事业的领导；四是中央管理的主要计划和财务指标，由国务院统一下达，改变过去许多主要指标由各部门条条下达的办法；五是某些主要计划指标和人员编制名额等，应该给地方留一定的调整幅度和机动权；六是对于民族自治地方各项自治权利，应该作出具体实施的规定，注意帮助少数民族地区政治、经济、文化事业的发展；七是改进体制要逐步实现，某些重大的改变，应该采取今年准备、明年试办、到第二个五年计划期间全面实施的步骤，稳步进行。

关的计划、财务管理和人事管理一般地应该随着下放”。

1957 年 11 月 8 日，国务院全体会议通过《关于改进财政管理体制的规定》，明确提出：“有的省、市，如果地方固定收入很大，已经超过了正常年度支出的，收入超过支出的余额，按一定的比例上缴。有的省、市，如果地方固定收入加上企业分成收入，已经超过正常年度支出的，收入超过支出的余额，按一定的比例上缴。有的省、市，除了地方固定收入和企业分成收入以外，将调剂收入的全部划给地方，仍然不够正常年度支出的，差额由中央另行拨款补助。”

此外，中共中央还通过《关于改进工业管理体制的规定（草案）》《关于工业企业下放的几项规定》《关于改进商业管理体制的规定（草案）》《关于企业、事业单位和技术力量下放的规定》等文件。1958 年，“大跃进”方案出台后，中央开始大规模放权，如企业管理权、计划权、基建投资权等一大批权限大幅度下放。

2. 收权阶段（1959—1965 年）

由于权力下放过快、过猛，把放权改革推向了极端，导致经济秩序出现混乱。1959 年上半年，中央开始收权。当年 6 月 29 日、7 月 2 日，毛泽东同志在庐山同各协作区主任谈话指出：“‘四权’（人权、财权、商权、工权）过去下放多了、快了一些，造成混乱，有些半无政府主义，要强调统一领导、集权问题，下放的权力要适当收回，收归中央、省市两级。”①

从 1960 年开始，中央进行大规模收权。当年 9 月，中共中央政治局决定重建 6 个中央局，分别代表中央加强对各省、市、自治区

① 中国共产党 80 年大事记·1959 年［EB/OL］. 人民网，2001-06-06.

党委的领导。1961 年 1 月 20 日，中共中央发布《关于调整管理体制的若干暂行规定》，明确提出："经济管理的大权应该集中到中央、中央局和省（市、自治区）委三级。最近两三年内，应该更多的集中到中央和中央局。地区计划应当在中央的统一领导下，以大区为单位，由中央局进行统一安排。""一九五八年以来，各省（市、自治区）和中央各部下放给专、县、公社和企业的人权、财权、商权和工权，放得不适当的，一律收回。""财权必须集中。各级的预算收支必须平衡，不许有赤字预算。"1964 年，毛泽东同志提出，在一切部门中实行党委领导的制度。从此中央与地方关系被党内组织关系所取代。

3. 从"下放—回收"循环到权力调整时期（1966—1978 年）

始于 1966 年的"文革"使得国家行政体制严重瘫痪，这期间中央与地方关系经历过大规模的权力"下放—回收"的循环，给国民经济造成了严重困难。1973 年，邓小平同志重新恢复在国务院的工作后，开始有计划地收权。1977 年，中央开始全面整顿经济，并进一步加强对铁路、民航、邮电等部门的统一领导，将部分财政、税收等权力上收中央。

三、中央地方关系调整面临的突出问题

改革开放之前的 30 年里，由于新中国刚成立不久，各种体制尚未健全，导致这一时期的中央地方关系处在一个探索期，同时也难免存在一些突出的问题。例如：

1. 地方政府尚未成为相对独立的权力运行主体

改革开放前的近 30 年中，中央地方关系着重强调国家利益高于

一切，权力过度向中央政府集中，地方政府缺乏必要的自主权，从而影响了地方的积极性和主动性。同时，由于地方政府缺乏自主权，每次中央与地方关系调整中，地方政府往往处于被动地位，缺乏讨价还价的余地，一定程度上阻碍了地方经济发展。

2. 政企不分成为掣肘中央地方关系调整的突出因素

这一时期中央地方关系的调整是在计划经济体制下进行的，政企不分的特点突出。在计划经济体制下企业缺乏自主权，完全按照中央指令与计划安排生产经营活动。而此时中央与地方关系调整主要围绕企业而展开，当实行放权时，一部分企业的管理权就由中央下放到地方；当收权时，就把这些企业的管理权上收。

3. 中央与地方职责划分不清

无论是1954年《宪法》还是其他相关法律法规，都没有对中央与地方政府的职责做出明确规定与划分，同样一项职责，中央政府有，地方政府也有。在职责划分不明的情况下，由于当时的历史条件，或多或少会增加人治的色彩。也就是说，在中央与地方权责划分不明的背景下，权力运行就缺乏相应的约束机制，不可避免地造成中央与地方关系出现一定程度的博弈。

第二节　改革开放后的“放权让利”

中共十一届三中全会之后，随着我国改革开放逐步深入，中央高度集权的体制发生了较大改变，中央加大了向企业和地方放权的力度，有效激发了企业活力和地方政府的积极性，推动中央与地方关系进入一个崭新的阶段。

一、下放企业生产经营自主权

为了解放和发展生产力，我国从 1978 年开始实行改革开放，不仅在沿海地区对外资开放，更重要的是中央政府开始下放企业生产经营自主权，给企业松绑，激发了企业的活力。

1. 实行企业利润留成

1978 年，我国开始实行改革开放，为了调动企业和职工的积极性，国家对企业开始实行利润留成的办法。1979 年 7 月 13 日，国务院出台《关于国营企业实行利润留成的规定》，提出："所有实行独立经济核算的企业，经营有盈利的，可以按国家核定的比例留用一部分利润，用于建立生产发展基金、职工福利基金和职工奖励基金。""利润留成比例的核定，采取分级审定的办法。各省、市、自治区和中央主管部门所属企业总的利润留成比例，由财政部核定。然后分别由省、市、自治区财政部门和中央主管部门在财政部核定的利润留成比例内，分别核定所属企业的利润留成比例。省、市、自治区和中央主管部门需要统筹使用的生产发展基金，可以在国家核定的本地区、本部门利润留成比例内，留用一部分，但不宜过多。利润留成比例核定以后，原则上三年不变。"

1980 年 1 月 22 日，国务院发布《关于国营工业企业利润留成试行办法》，规定"企业基数利润留成的比例，在批准试点时，参照上年下列几项资金占同年利润总额的比例核定：（1）有新产品试制任务的企业，一般可按利润总额的 1%计算新产品试制费；少数新产品试制任务较多的企业，按利润总额的2%计算；机械工业企业按利润总额的3%计算。没有新产品试制任务的企业，如煤矿、油田、电厂、电站、森林采伐、铁路、交通以及其他矿山等，不计算此项费用。（2）科研经费和职工技术培训费，按国家拨给企业的实际数额计算（不包括国家专项拨给的科技三项费用和措施费）。企业在成本或营业外列支的上述费用，仍按原规定执行。（3）从成本中提取的职工福利基金，按照工资总额的11%计算。（4）从成本中开支的职工奖金，一般企业按标准工资总额的10%计算；少数先进企业可以适当提高，但最多不得超过标准工资总额的12%。（5）基层企业从利润中提取的企业基金，在最多不超过工资总额5%的范围内，由企业主管部门根据企业的不同情况，分别确定”。实行利润留成后，企业利润增长部分四、六开，40%留给企业，60%上交给国家，其中，利润留成资金用于发展生产方面的不得少于60%，用于职工福利和奖金方面的不得超过40%。

利润留成改变了过去企业利润全部上缴的局面，增加了企业的财力，极大地调动了企业和职工的积极性，有效激发了企业活力，对搞活经济起到了明显作用。

2. 实行利改税

由于利润留成并没有完全摆脱吃“大锅饭”的局面，企业之间的盈利水平差距较大，利润留成基数和留成比例难以合理确定，造成企业间财力分配不均。1983年国家开始实行利改税。1983年4月24日，国务院批转财政部《关于国营企业利改税试行办法》，规定：“凡有盈利的国营大中型企业（包括金融保险组织），均根据实现的利润，按百分之五十五的税率交纳所得税。企业交纳所得税后的利润，一部分上交国家，一部分按照国家核定的留利水平留给企业。”“凡有盈利的国营小型企业，应当根据实现的利润，按八级超额累进税率交纳所得税。交税以后，由企业自负盈亏，国家不再拨款。但对税后利润较多的企业，国家可以收取一定的承包费，或者按固定数额上交一部分利润。”“营业性的宾馆、饭店、招待所和饮食服务公司，都交纳百分之十五的所得税，国家不再拨款。企业税后有盈有亏的，由商业主管部门调剂处理。对京、津、沪三市的饮食服务公司，商业部可从企业税后留利中适当集中一部分资金，用于补助边远、困难地区。”有数据显示，当年实行利改税的工业、交通、商业企业共留利 121 亿元，比 1982 年增加 27 亿元，增长 28.2%。[①]

1984 年 9 月 18 日，国务院公布《国营企业第二步利改税试行办法》，规定：“将现行的工商税按照纳税对象，划分为产品税、增值税、盐税和营业税；将第一步利改税设置的所得税和调节税加以改进；增加资源税、城市维护建设税、房产税、土地使用税和车船使用税。国营企业应按照国务院颁布的有关税收条例（草案）和征收办法执行。”“对盈利的国营大中型企业，应按照 55%的固定比例税率计算缴纳所得税；对盈利的国营小型企业，应按照新的八级超额累进税率计算缴纳所得税。”国营企业实行第二步利改税后，将过去上交国家的财政收入改为按 11 个税种向国家交税，有效调动了国营企业的积极性。

3. 实行企业承包制

尽管利改税极大地调动了企业生产积极性，但企业仍无法实现

---

① 王丙乾. 关于国营企业实行利改税和改革工商税制的说明［Z］. 中华人民共和国国务院公报，1984（23）.

自主决策、自负盈亏。在这种情况下，中央提出实行企业承包制。1986 年 12 月 5 日，国务院发布《关于深化企业改革增强企业活力的若干规定》，提出：“推行各种形式的经营承包责任制，给经营者充分的经营自主权。”“全民所有制小型企业可积极试行租赁、承包经营。选择一部分亏损或微利的全民所有制中型企业，进行租赁、承包经营试点。要保证承租人或承包人在遵守国家有关规定的前提下，拥有充分的经营自主权，保护他们按照合同规定取得的合法利益。全民所有制大中型企业要实行多种形式的经营责任制。”

1988 年 2 月 27 日，国务院发布《全民所有制工业企业承包经营责任制暂行条例》，明确指出：“承包经营责任制，是在坚持企业的社会主义全民所有制的基础上，按照所有权经营权分离的原则，以承包经营合同形式，确定国家与企业的责权利关系，使企业做到自主经营、自负盈亏的经营管理制度。”“实行承包经营责任制，必须兼顾国家、企业、经营者和生产者利益，调动企业经营者和生产者积极性，挖掘企业内部潜力，确保上交国家利润，增强企业自我发展能力，逐步改善职工生活。”据统计，截至 1987 年上半年，我国已有 75%的大中型国营企业实行了各种承包经营责任制。

4. 扩大股份制改革试点

从 1984 年开始，北京、上海、广东等地区的部分集体企业和国有中小型企业纷纷开始股份制试点。到 1991 年底，全国试点股份制转制的 3200 家企业，每年产值和利税均高于其他国有企业。1992 年 10 月，中共十四大报告明确指出：“股份制有利于促进政企分开、转换企业经营机制和积聚社会资金，要积极试点，总结经验，抓紧制定和落实有关法规，使之有秩序地健康发展。鼓励有条件的企业联合、兼并，合理组建企业集团。”

1997 年 9 月，中共十五大报告进一步指出：“要努力寻找能够极大促进生产力发展的公有制实现形式。股份制是现代企业的一种资本组织形式，有利于所有权和经营权的分离，有利于提高企业和资本的运作效率，资本主义可以用，社会主义也可以用。不能笼统地说股份制是公有还是私有，关键看控股权掌握在谁手中。国家和集体控股，具有明显的公有性，有利于扩大公有资本的支配范围，增强公有制的主体作用。目前城乡大量出现的多种多样的股份合作制经济，是改革中的新事物，要支持和引导，不断总结经验，使之逐步完善。劳动者的劳动联合和劳动者的资本联合为主的集体经济，尤其要提倡和鼓励。”

2002 年 11 月，中共十六大报告指出：“要深化国有企业改革，进一步探索公有制特别是国有制的多种有效实现形式，大力推进企业的体制、技术和管理创新。除极少数必须由国家独资经营的企业外，积极推行股份制，发展混合所有制经济。实行投资主体多元化，重要的企业由国家控股。”

股份制的全面推行为公有制经济的实现形式开辟了新的道路，为我国企业建立现代企业制度奠定了重要基础，极大地解放和发展了社会生产力。

5. 鼓励发展混合所有制

2013 年 11 月，中共十八届三中全会《决定》明确指出：“积极发展混合所有制经济。国有资本、集体资本、非公有资本等交叉持股、相互融合的混合所有制经济，是基本经济制度的重要实现形式，有利于国有资本放大功能、保值增值、提高竞争力，有利于各种所有制资本取长补短、相互促进、共同发展。允许更多国有经济和其他所有制经济发展成为混合所有制经济。国有资本投资项目允许非国有资本参股。允许混合所有制经济实行企业员工持股，形成资本所有者和劳动者利益共同体。”

2015 年 8 月，中共中央、国务院印发《关于深化国有企业改革的指导意见》，指出：“以促进国有企业转换经营机制，放大国有资本功能，提高国有资本配置和运行效率，实现各种所有制资本取长补短、相互促进、共同发展为目标，稳妥推动国有企业发展混合所有制经济。”提出引入非国有资本参与国有企业改革和探索实行混合所有制企业员工持股。“在石油、天然气、电力、铁路、电信、资源开发、公用事业等领域，向非国有资本推出符合产业政策、有利于转型升级的项目。”“坚持试点先行，在取得经验基础上稳妥有序推进，通过实行员工持股建立激励约束长效机制。”

2015 年 9 月，国务院印发《关于国有企业发展混合所有制经济的意见》，明确指出：“当前，应对日益激烈的国际竞争和挑战，推动我国经济保持中高速增长、迈向中高端水平，需要通过深化国有企业混合所有制改革，推动完善现代企业制度，健全企业法人治理结构；提高国有资本配置和运行效率，优化国有经济布局，增强国有经济活力、控制力、影响力和抗风险能力，主动适应和引领经济发展新常态；促进国有企业转换经营机制，放大国有资本功能，实现国有资产保值增值，实现各种所有制资本取长补短、相互促进、共同发展，夯实社会主义基本经济制度的微观基础。在国有企业混合所有制改革中，要坚决防止因监管不到位、改革不彻底导致国有资产流失。”客观地看，混合所有制势必将国有企业改革引向深入，成为当前释放经济增长潜力的重大改革。

二、扩大地方政府的财权与事权

在改革开放的推动下，中央政府认识到统收统支的体制严重束缚了地方政府的积极性。适应改革开放的大趋势，中央政府开始向地方政府放权，重点是扩大地方政府的财权与事权。

1. 扩大地方政府财权

改革开放初期，为了打破计划经济条件下的统收统支体制，中央对地方实行了分灶吃饭的包干财政体制。1980 年 2 月 1 日，国务院发布《关于实行“划分收支，分级包干”财政管理体制的暂行规定》，规定“按照经济管理体制规定的隶属关系，明确划分中央和地方财政的收支范围”。其中：“收入：中央所属企业的收入、关税收入和中央其他收入，归中央财政，作为中央财政的固定收入；地方所属企业的收入、盐税、农牧业税、工商所得税、地方税和地方其他收入，归地方财政，作为地方财政的固定收入。经国务院批准，上划给中央部门直接管理的企业，其收入作为固定比例分成收入，百分之八十归中央财政，百分之二十归地方财政。工商税作为中央和地方的调剂收入。”“支出：中央的基本建设投资，中央企业的流动资金、挖潜改造资金和新产品试制费，地质勘探费，国防战备费，对外援助支出，国家物资储备支出，以及中央级的文教卫生科学事业费，农林、水利、气象等事业费，工业、交通、商业部门的事业费和行政管理费等，归中央财政支出；地方的基本建设投资，地方企业的流动资金（包括中央代建项目的流动资金）、挖潜改造资金和新产品试制费，支援农村人民公社支出，农林、水利、气象等事业费，工业、交通、商业部门的事业费，城市维护费，人防经费，城镇人口下乡经费，文教卫生科学事业费，抚恤和社会救济费，行政管理费等，归地方财政支出。”“少数专项财政支出，如特大自然灾害救济费、特大抗旱防汛补助费、支援经济不发达地区的发展资金等，由中央专案拨款，不列入地方财政包干范围。”“地方财政收支的包干基数，按照上述划分收支的范围，以一九七九年财政收支预计执行数为基础，经过适当调整后，计算确定。凡是地方收入大于支出的地区，多余部分按一定的比例上缴；支出大于收入的地区，不足部分从工商税中按一定的比例留给地方，作为调剂收入；有些地区，工商税全部留给地方，收入仍然小于支出的，不足部分由中央财政给予定额补助。分成比例或补助数额确定以后，原则上五年不变，地方多收了可以多支出。”

在第二步利改税的基础上，我国从1985年开始实行“划分税种、核定收支、分级包干”的财政体制。1985年3月21日，国务院发布《关于实行“划分税种、核定收支、分级包干”财政管理体制的规定的通知》，提出：“从一九八五年起，对各省、自治区、直辖市实行‘划分税种、核定收支、分级包干’的新的财政管理体制。其基本原则是：在总结现行财政管理体制经验的基础上，存利去弊，扬长避短，继续坚持‘统一领导，分级管理’的原则，进一步明确各级财政的权利和责任，做到权责结合，充分发挥中央和地方两个积极性。”

专栏 3.1 1985 年中央与地方财政收支划分标准

1. 基本上按照利改税第二步改革之后的税种划分各级财政收入

（1）中央财政固定收入：中央国营企业的所得税、调节税；铁道部和各银行总行、保险总公司的营业税；军工企业的收入；中央包干企业的收入；粮、棉、油超购加价补贴；烧油特别税；关税和海关代征的产品税、增值税；专项调节税；海洋石油外资、合资企业的工商统一税、所得税和矿区使用费；国库券收入；国家能源交通重点建设基金；其他收入。

石油部、电力部、石化总公司、有色金属总公司所属企业的产品税、营业税、增值税，以其 70%作为中央财政固定收入。

（2）地方财政固定收入：地方国营企业的所得税、调节税和承包费；集体企业所得税；农牧业税；车船使用牌照税；城市房地产税；屠宰税；牲畜交易税；集市交易税；契税；地方包干企业收入；地方经营的粮食、供销企业亏损；税款滞纳金、补税罚款收入；城市维护建设税和其他收入。尚待开征的土地使用税、房产税和车船使用税，将来也列为地方财政固定收入。

石油部、电力部、石化总公司、有色金属总公司所属企业的产品税、营业税、增值税，以其 30%作为地方财政固定收入。

（3）中央和地方财政共享收入：产品税、营业税、增值税（这三种税均不含石油部、电力部、石化总公司、有色金属总公司四个部门所属企业和铁道部以及各银行总行和保险总公司交纳的部分）；资源税；建筑税；盐税；个人所得税；国营企业奖金税；外资、合资企业的工商统一税、所得税（不含海洋石油企业交纳的部分）。

2. 中央财政支出和地方财政支出，仍按隶属关系划分

（1）中央财政支出：中央基本建设投资；中央企业的挖潜改造资金、新产品试制费和简易建筑费；地质勘探费；国防费；武装警察部队经费；人民防空经费；对外援助支出；外交支出；国家物资储备支出；以及中央级的农林水利事业费，工业、交通、商业部门事业费，文教科学卫生事业费，行政管理费和其他支出。

（2）地方财政支出：地方统筹基本建设投资；地方企业的挖潜改造资金、新产品试制费和简易建筑费；支援农业支出；城市维护建设费；以及地方的农林水利事业费，工业、交通、商业部门事业费，文教科学卫生事业费，抚恤和社会救济费，行政管理费（含

公安、安全、司法、检察支出)，民兵事业费和其他支出。

(3) 对于不宜实行包干的专项支出，如特大自然灾害救济费、特大抗旱和防汛补助费、支援经济不发达地区的发展资金、边境建设事业补助费等，由中央财政专案拨款，不列入地方财政支出包干范围。

资料来源：国务院办公厅.《关于实行“划分税种、核定收支、分级包干”财政管理体制的规定》国发〔1985〕第42号，1985-03-21.

2. 扩大地方政府事权

1982年，新修改实施的《宪法》和《中华人民共和国地方各级人大和地方各级人民政府组织法》对地方政府权责范围做出了进一步的规定，并赋予了地方相应的立法权和一定的人事管理权。1982年《宪法》规定：“县级以上地方各级人民政府依照法律规定的权限，管理本行政区域内的经济、教育、科学、文化、卫生、体育事业、城乡建设事业和财政、民政、公安、民族事务、司法行政、监察、计划生育等行政工作，发布决定和命令，任免、培训、考核和奖惩行政工作人员。”“省、直辖市的人民代表大会和它们的常务委员会，在不同宪法、法律、行政法规相抵触的前提下，可以制定地方性法规，报全国人民代表大会常务委员会备案。”从实践看，到1990年前后，中央权力过度集中的体制得到了有效改善，地方自主权得到了扩大。

三、中央对地方进行分类指导

由于我国幅员辽阔，各地区发展不平衡，如果各地实行统一的政策，不仅不利于地区经济发展，而且还容易拉大区域发展差距。在这个背景下，中央政府开始对不同地区采取不同的政策，对地方进行分类指导，最大限度地发挥地方政府的积极性。

1. 不同地区采取不同的政策

改革开放后，中央针对不同地区采取了不同的发展政策，先后设立了经济特区、沿海开放城市和沿边开放城市等，有效调动了地方发展经济的积极性。1979 年 7 月，中共中央、国务院同意在广东省的深圳、珠海、汕头三市和福建省的厦门市试办出口特区。1980 年 5 月，中共中央和国务院决定将深圳、珠海、汕头和厦门这四个出口特区改称为经济特区。1980 年 8 月 26 日，五届全国人大常委会第十五次会议批准国务院提出的《广东省经济特区条例》，正式宣布在深圳、珠海、汕头、厦门成立经济特区。

1984 年 1 月 24 日至 2 月 16 日，邓小平同志视察了深圳、珠海、厦门三个经济特区，肯定了特区的发展。2 月 24 日，邓小平同志做了《办好经济特区，增加对外开放城市》的讲话，指出“除现在的特区之外，可以考虑再开放几个港口城市，如大连、青岛。这些地方不叫特区，但可以实行特区的某些政策。我们还要开发海南岛，如果能把海南岛的经济迅速发展起来，那就是很大的胜利”。[①]

1984 年 3 月 26 至 4 月 6 日，中共中央召开沿海部分城市座谈会，会议建议进一步开放天津、上海、大连、秦皇岛、烟台、青岛、连云港、南通、宁波、温州、福州、广州、湛江和北海 14 个沿海港口城市，在扩大城市权限和给予外商投资优惠方面实行特殊政策。5 月 4 日，中共中央、国务院批转《沿海部分城市座谈会纪要》，同意进一步开放 14 个沿海港口城市；厦门特区的范围扩大到全岛；同时要求进一步搞好海南岛的开发建设。1988 年 4 月 13 日，第七届全国

① 邓小平文选（第三卷）[M]. 北京：人民出版社，1993：53-54.

人民代表大会第一次会议审议了国务院关于建立海南经济特区的议案，决定划定海南岛为海南经济特区。至此，五大经济特区和沿海开放城市的对外开放格局基本形成。

2. 探索实行市管县体制

改革开放之前，我国就开始了市管县体制的探索。1949 年底，我国就有无锡、徐州、兰州实行市管县体制。此后，北京、天津、大连、本溪、杭州、重庆、贵阳、昆明等市曾实行过市管县体制。1959 年 9 月 17 日，第二届全国人民代表大会常务委员会第九次会议通过《关于直辖市和较大的市可以领导县、自治县的决定》，“决定：直辖市和较大的市可以领导县、自治县”。到 60 年代，市管县体制进入低潮。改革开放后，为了增强城市经济的辐射带动作用，缩小城乡差距，中央决定改革地区体制，实行市管县体制。1982 年，中共中央发布《关于改革地区体制，实行市管县的通知》，决定“以江苏省为试点，撤销江苏省所有地区，地区所辖各县划归 11 个市领导”。

1983 年 2 月 15 日，中共中央、国务院发布《关于地市州党政机关机构改革若干问题的通知》，指出：“积极试行地、市合并。主要办法是，实行地、市合并，由市领导县。一个市领导县数的多少，应根据每个市的经济发展程度、城乡自然联系和交通是否便利等条件确定，不受‘一地一市’的限制。除此之外，还可采用扩大大中城市郊区，让它多带几个县；把新兴工矿区或城镇改为市，管辖一部分农村；省、市（镇）合并，以及其他适当办法。一时条件不具备的，也不要勉强硬凑。总之，各地应从实际出发，采取多种形式，有步骤地积极而稳妥地逐步建立起不同类型、不同规模的，以城市带动农村的领导体制和经济网络，以利于加快社会主义物质文明和精神文明的建设。”此后，市管县体制向全国铺开。数据显示，到1994年底，除海南省外，全国各省、自治区、直辖市都试行了市管县体制，共有196个市领导或代管783个县（自治县、旗、特区），代管240个县级市。[①]

3. 扩大城市管理权限

为了突出中心城市的地位，增强城市的经济功能，我国设立了一批计划单列市。计划单列市的收支直接与中央挂钩，由中央财政与地方财政两分，而无须上缴省级财政。改革开放之前，我国曾有过两次计划单列，一次是20世纪50年代，一次是20世纪60年代。这两次计划单列还不是很全面、彻底的计划单列，各计划单列市在经济、社会事业等方面的多项计划实际上并没有纳入国家计划，仍由所在省按省辖市来安排。从实际情况看，改革开放以来，我国经济体制改革走了一条由农村到城市的路子，并把计划单列市作为一个重要的突破口。1983年2月8日，国务院批准《关于在重庆市进行经济体制综合改革试点意见的报告》，决定对重庆市实行第三次计划单列，赋予省级经济管理权限。报告指出：“国家对市实行计划单列。市的主要计划，包括工农业生产、固定资产投资、能源供应、主要物资和商品的分配收购调拨、劳动工资、财政信贷、对外贸易、科技和社会事业发展计划等，由国家计委和中央各部单列计划直接下达到市和省。有关计划方面的全国性会议，市作为一个计划单位参加。省管理的计划指标，由省计委统一下达到市计委。”

1984年7月18日，国家计划委员会发布《关于重庆市、武汉市、沈阳市、大连市计划单列的通知》，提出：“在核定重庆、武汉、

---

① 储建国．县委书记“高配”的由来及反思［J］．人民论坛，2012（30）：9-11.

沈阳、大连四个城市主要计划指标基数的基础上，国家计委和国务院各有关部门在下达分省、自治区、直辖市的长期和年度计划中，都应将这四个城市的指标单独列出，直接下达到各市，并抄送这四个城市所在的四川、湖北、辽宁三省。”

1984 年 10 月 5 日，国务院批转国家计划委员会、国家经济体制改革委员会《关于对一些城市要求在国家计划中单列户头处理意见的报告》的通知，指出：“除原已批准的重庆、武汉、沈阳、大连四个城市实行计划单列之外，还可同意六十年代初期曾实行过计划单列的哈尔滨、广州、西安三个省会城市恢复计划单列，并赋予其相当于省一级经济管理权限，今后，其他城市一律不再批准实行计划单列。不实行计划单列的城市，同样可在党中央、国务院统一部署下，积极地、创造性地开展各项经济体制改革的工作。”

随着经济体制改革的全面推进，1986 年 10 月 15 日，《国务院关于对青岛市实行计划单列的批复》同意青岛市实行计划单列，批复指出：“为了加快青岛市对外开放的步伐，进一步探索沿海开放港口城市经济体制改革的路子，充分发挥中心城市的作用，国务院决定对青岛市在国家计划中实行单列，赋予其相当于省一级的经济管理权限，并同意在青岛市进行经济体制综合改革试点。”这一批复打破了 1984 年提出的“其他城市一律不再实行计划单列”的限制。随后，又有多个城市申请实行计划单列。到 1989 年，我国实行计划单列的城市达到 14 个。

第三节　分税制改革后中央与地方关系进入新阶段

分税制改革明确了中央与地方财权，有效调动了地方政府发展经济的积极性，推动我国中央地方关系进入新阶段，并成为20多年来我国经济高速增长的突出因素。

一、以经济总量为导向的中央地方财税关系的形成

从实践看，分税制改革在调动地方政府发展经济积极性的同时，也推动形成以经济总量为导向的中央地方关系。

1. 分税制改革的启动

尽管分灶吃饭、财政“大包干”等改革打破了过去吃“大锅饭”的局面，但由于其体制变动频繁，中央与地方之间需要每年进行谈判确立分成比例，助长了地方政府的短期行为，强化了地方保护主义，直接导致“两个比重”的下降，国家财政连续八年出现赤字。数据显示，1985—1993年，我国中央财政收入占国家财政收入的比重由39.68%下降至22%，国家财政收入占GDP的比重由22.79%下降至12.6%。[①] 在这种情况下，1993年11月，中共十四届三中全会通过的《中共中央关于建立社会主义市场经济体制若干问题的决定》指出，“合理确定中央财政收入和地方财政收入的比

① 马海涛，李升．对分税制改革的再认识［J］．税务研究，2014（1）：13.

例”。1993 年 12 月 15 日，国务院发布《关于实行分税制财政管理体制的决定》，指出“从 1994 年 1 月 1 日起改革现行地方财政包干体制，对全国各省、自治区、直辖市以及计划单列市实行分税制财政管理体制”。《决定》专门划出中央税、地方税和共享税，其中，共享税中央与地方按不同比例分成。1994 年后，国务院又数次对共享税分成比例进行调整。

专栏 3.2　分税制财政管理体制的主要内容

（1）中央与地方事权和支出的划分。根据现在中央政府与地方政府事权的划分，中央财政主要承担国家安全、外交和中央国家机关运转所需经费，调整国民经济结构、协调地区发展、实施宏观调控所必需的支出以及由中央直接管理的事业发展支出。具体包括：国防费，武警经费，外交和援外支出，中央级行政管理费，中央统管的基本建设投资，中央直属企业的技术改造和新产品试制费，地质勘探费，由中央财政安排的支农支出，由中央负担的国内外债务的还本付息支出，以及中央本级负担的公检法支出和文化、教育、卫生、科学等各项事业费支出。

地方财政主要承担本地区政权机关运转所需支出以及本地区经济、事业发展所需支出。具体包括：地方行政管理费，公检法支出，部分武警经费，民兵事业费，地方统筹的基本建设投资，地方企业的技术改造和新产品试制经费，支农支出，城市维护和建设经费，地方文化、教育、卫生等各项事业费，价格补贴支出以及其他支出。

（2）中央与地方收入的划分。根据事权与财权相结合的原则，按税种划分中央与地方的收入。将维护国家权益、实施宏观调控所必需的税种划为中央税；将同经济发展直接相关的主要税种划为中央与地方共享税；将适合地方征管的税种划为地方税，并充实地方税税种，增加地方税收入。具体划分如下：

中央固定收入包括：关税，海关代征消费税和增值税，消费税，中央企业所得税，地方银行和外资银行及非银行金融企业所得税，铁道部门、各银行总行、各保险总公司等集中交纳的收入（包括营业税、所得税、利润和城市维护建设税），中央企业上交利润等。外贸企业出口退税，除一九九三年地方已经负担的百分之二十部分列入地方上缴中央基数外，以后发生的出口退税全部由中央财政负担。

地方固定收入包括：营业税（不含铁道部门、各银行总行、各保险总公司集中交纳的营业税），地方企业所得税（不含上述地方银行和外资银行及非银行金融企业所得税），地方企业上缴利润，个人所得税，城镇土地使用税，固定资产投资方向调节税，城市维护建设税（不含铁道部门、各银行总行、各保险总公司集中交纳的部分），房产税，车船使用税，印花税，屠宰税，农牧业税，对农业特产收入征收的农业税（简称农业特产税），耕地占用税，契税，遗产和赠予税，土地增值税，国有土地有偿使用收入等。

中央与地方共享收入包括：增值税、资源税、证券交易税。增值税中央分享百分之七十五，地方分享百分之二十五。资源税按不同的资源品种划分，大部分资源税作为地方收入，海洋石油资源税作为中央收入。证券交易税，中央与地方各分享百分之五十。

（3）中央财政对地方税收返还数额的确定。为了保持现有地方既得利益格局，逐步达到改革的目标，中央财政对地方税收返还数额以一九九三年为基期年核定。按照一九九三年地方实际收入以及税制改革和中央与地方收入划分情况，核定一九九三年中央从地方净上划的收入数额（即消费税加百分之七十五的增值税减中央下划收入）。一九九三年中央净上划收入，全额返还地方，保证现有地方既得财力，并以此作为以后中央对地方税收返还基数。一九九四年以后，税收返还额在一九九三年基数上逐年递增，递增率按全国增值税和消费税的平均增长率的一比〇点三系数确定，即上述两税全国平均每增长百分之一，中央财政对地方的税收返还增长百分之〇点三。如若一九九四年以后中央净上划收入达不到一九九三年基数，则相应扣减税收返还数额。

资料来源：国务院办公厅．《关于实行分税制财政管理体制的决定》，1993-12-15.

2. 以经济总量为导向的中央地方财税关系的确立

在理论界，迟福林教授在国内比较早地把分税制后的中央地方关系概括为以经济总量为导向，本书认可并借用这一概念。分税制改革确立了市场经济条件下政府间财政关系的基本框架，充分调动了地方政府发展经济的积极性，地方政府不仅获得经济自主权，而且获得了相对独立的财权。从此，以经济总量为导向的中央地方财税关系基本确立。尽管分税制规范了中央与地方的财税关系，但基本不涉及中央与地方的事权划分。实践中，由于事权不断下移，地方政府要承担的支出责任逐步增大，地方政府为了获得更多的财源，不可避免展开 GDP 竞争。从这些年地方经济发展情况来看，土地财政、地方债等问题逐步突出，大多与此相关联。

3. 分税制改革的历史贡献

分税制改革扭转了中央政府在财政收入上的被动地位，推动了政府间财政关系的规范化。从实践看，分税制改革对增强中央政府的宏观调控能力、稳定中央与地方关系起到了重要作用。第一，“两个比重”提升，中央政府的调控能力全面增强。数据显示，中央财政收入占全国财政收入的比重由 1993 年的 22%提升至 1994 年的 55.7%，国家财政收入占 GDP 的比重由 1994 年的 10.83%提升至 2011 年的 21.97%。[①] 第二，改变了过去由地方征收再上交中央的局面，强化了国税部门在税收征缴中的主导地位。第三，转移支付体系有力协调了地方政府间关系，缓解了地区间财力差距的扩大，减少了中央对地方补贴的随意性。

二、积极探索省管县财政体制

由于市管县体制造成“市刮县”等现象，严重制约了县域经济的发展，在中央政府的支持下，地方政府开始探索省直管县的财政体制，并推动了“扩权强县”改革。

1. 市管县的体制弊端日益凸显

1983 年以来形成的市管县体制对做大做强中心城市和统筹城乡发展起到了重要作用。尽管《预算法》规定“一级政府、一级预算”，但在行政等级制的条件下，上级政府决定了下级政府的收入分配与支出责任。由此，市管县体制不可避免带来资金分配上的“市

① 马海涛，李升．对分税制改革的再认识［J］．税务研究，2014（1）：14.

卡县”“市刮县”等问题。1994 年的分税制改革确立了中央与地方的税收分成比例，但地方政府之间的分成比例并未做出明确规定。现实中，市一级政府往往通过行政权力将更多的财政资金、公共资源向市区倾斜，形成了市县争利的局面，严重制约了县域经济社会发展。

2. 中央支持省直管县改革

进入新世纪，中央一再鼓励和支持地方推进省直管县改革试点。2005 年 6 月，温家宝总理在全国农村税费改革工作会议上指出“具备条件的地方，可以推进‘省直管县’改革试点”。2008 年 10 月，中共十七届三中全会《关于推进农村改革发展若干重大问题的决定》明确提出“推进省直接管理县（市）财政体制改革，优先将农业大县纳入改革范围。有条件的地方可依法探索省直接管理县（市）的体制”。2008 年 12 月 31 日，《中共中央国务院关于 2009 年促进农业稳定发展 农民持续增收的若干意见》指出：“推进省直接管理县（市）财政体制改革，将粮食、油料、棉花和生猪生产大县全部纳入改革范围。稳步推进扩权强县改革试点，鼓励有条件的省份率先减少行政层次，依法探索省直接管理县（市）的体制。”2009 年 6 月，财政部发布《关于推进省直接管理县财政改革的意见》，明确提出“2012 年底前，力争全国除民族自治地区外全面推进省直接管理县财政改革，近期首先将粮食、油料、棉花、生猪生产大县全部纳入改革范围”。2013 年 11 月，中共十八届三中全会《决定》明确提出“优化行政区划设置，有条件的地方探索推进省直接管理县（市）体制改革”。可以预见，未来几年，省管县改革将全面提速。

3. 各地探索省直管县改革试点

从 1992 年开始，中央支持浙江、河北、江苏、湖北等省份试点

“强县扩权”改革，将地级市的经济管理权限直接下放给一些重点县。资料显示，20 世纪 90 年代以来，我国已经有 24 个省份对 818 个县（市）进行了财政省直管县体制改革试点，约占全国县级总数的 40.8%。还有 8 个省选择 219 个县进行了“强县扩权”和扩大县级政府经济社会管理权限等试点。[①] 省直管县改革有力释放了县域经济活力。据统计，2013 年，全国县域地区生产总值达 31.9 万亿元，为全国地区生产总值（56.88 万亿元）的 56.1%。

三、全面推进简政放权

面对我国经济下行压力增大的风险，中央政府把“简政放权、放管结合、优化服务”作为政府履责的重要手段，在放权的同时不断减权、限权，成为政府改革的突出亮点。

1. 经济下行压力下全面推进简政放权

2013 年 3 月 17 日，十二届全国人大一次会议闭幕后，李克强总理在人民大会堂答记者问时表示：“现在国务院各部门行政审批事项还有 1700 多项，本届政府下决心要再削减三分之一以上。”2014 年全国两会期间，李克强总理在《政府工作报告》中强调：“把加快转变职能、简政放权作为本届政府开门第一件大事。”2015 年 5 月 12 日，李克强总理在全国推进简政放权放管结合职能转变工作电视电话会议上的讲话中指出：“本届政府成立伊始，开门办的第一件大事就是推进行政体制改革、转变政府职能，把简政放权、放管结合作为‘先手棋’。”客观地看，2008 年国际金融危机爆发以来，面对国际国内形势发生深刻复杂的变化，我国由过去两位数的高速增长

① 张占斌．省直管县改革的步骤和政策探析［J］．资政文摘（管理版），2009（1）：6.

阶段进入到7%左右的中高速增长阶段，尤其是在近些年经济下行压力加大的背景下，中央把简政放权作为本届政府的头等大事，目的是通过向市场、向社会、向地方放权，全面激发市场活力，稳定经济增长。

2. 简政放权成为政府改革的突出亮点

从实践看，简政放权改革是政府“真想干”“真干”的头等大事，并在多方面取得了重大进展。第一，2013 年以来，国务院分十批取消和下放行政审批事项 670 项，占原有审批事项的 44%，[①] 其中取消 543 项、下放 127 项。[②] 总的来看，国务院部门取消和下放行政审批事项的比例超过 40%，不少地方超过 70%。第二，近五年来，连续三次修订政府核准的投资项目目录，中央层面核准的项目比 2013 年减少 90%，95%以上的外商投资项目和 98%以上的境外投资项目改为备案制。[③] 第三，商事登记制度改革全面推进，从“三证合一、一照一码”到“多证合一、一照一码”，再到“证照分离”试点，在激发市场活力、企业活力上成效显著。第四，全面清理非行政许可审批事项，2013 年之初，国务院部门共有非行政许可审批 453 项，经过 2013—2014 年七轮清理，已经取消 209 项。[④] 2015 年两会期间，李克强总理在答记者问时明确提出“全面取消非行政许可，不能法外放权”。2015 年 5 月，国务院出台《关于取消非行政许可审批事项的决定》，正式宣布取消非行政许可审批事项，涉及 44 个部门和单位，这意味着非行政许可审批正式退出历史舞台。第五，

---

① “奇葩证明”越来越少［N］. 人民日报，2017-09-29：(06)．

② 李克强．在全国深化简政放权放管结合优化服务改革电视电话会议上的讲话［EB/OL］. 中国政府网，2017-06-29.

③ 龙海波．简政放权这五年［J］. 紫光阁，2017（4）：52-54.

④ 国务院印发《关于取消非行政许可审批事项的决定》［EB/OL］. 新华网，2015-05-14.

自2013年以来，国务院分7批审议通过取消的国务院部门职业资格许可和认定事项共434项，占国务院部门设置的职业资格许可和认定事项的70%以上。其中专业技术人员职业资格154项、技能人员职业资格280项。[①] 第六，清理行政审批中介服务事项。针对行政审批中介服务存在着环节多、耗时长、收费乱、垄断性强等问题，2015年4月，国务院办公厅印发《关于清理规范国务院部门行政审批中介服务的通知》，要求全面清理和规范国务院部门行政审批中介服务有关事项。据统计，2013年以来，国务院分3批清理规范国务院部门行政审批中介服务事项323项，[②] 坚决砍掉各种不合理的审批中介事项。第七，中央层面取消、减免420项行政事业性收费和政府性基金，每年可为企业或个人减负近千亿元。第八，地方各级政府积极做好承接工作，有些地方行政审批事项取消和下放比例超过一半，有些地方非行政许可已全面取消。

3.“大众创业、万众创新”的新格局正在形成

这几年的简政放权改革在理顺政府与市场关系、激发市场主体活力上取得了显著成效。第一，新增市场主体增速加快。国家工商总局统计数据显示，2017年，全国新设市场主体1924.9万户，同比增长16.6%，比上年提高5个百分点，平均每天新设5.27万户，上年是4.51万户；全年新设企业607.4万户，同比增长9.9%，平均每天新设1.66万户，而2016年是1.51万户；新设个体工商户1289.8万户，增长20.7%，较2016年5.7%的增速大幅提升。[③] 第

① 2013年以来国务院已公布取消的国务院部门职业资格许可和认定事项［N］. 人民日报，2017-02-20：(10).

② 2013年以来国务院已公布清理规范的国务院部门行政审批中介服务事项和取消的中央指定地方实施行政审批事项［N］. 人民日报，2017-03-03：(10).

③ 持续改善营商环境 提升市场主体活跃度［N］. 经济日报，2018-01-19：(02).

二，吸纳就业明显增加。从实践看，培育市场主体对创造新就业机会至关重要。根据相关调查，每个企业平均吸纳就业 7.4 人，每个个体工商户为 2.9 人。按此估算，2014 年新设企业创造就业超过 1200 万，2015 年新设企业创造就业超过 1400 多万。[①] 第三，大学生创业保持稳中有升。根据相关调查，2016 届大学生中约有 21.1 万人选择了创业，大学毕业生自主创业的比例为 3.0%，与 2015 届、2014 届（分别为 3.0%、2.9%）基本持平。[②]

从新中国成立以来中央地方关系的历史演进可以看出，中央与地方关系随着经济社会发展不断调整，同时，经济社会发展到一定阶段又倒逼中央与地方关系改革，以适应新的经济社会发展形势。也就是说，在新型城镇化的背景下提出调整改革中央地方关系是符合经济社会发展趋势的。

① 国家工商总局：商事制度改革为经济发展注入新动力［EB/OL］. 中国网，2016-02-22.

② 大学生创业存活率如何？毕业 3 年内过半数退出创业［EB/OL］. 中国新闻网，2017-06-12.

第四章　以经济总量为导向的中央地方关系的基本特征及其面临的突出挑战

长期以来，以经济总量为导向的中央地方关系在推动我国成为“世界工厂”的同时，却制约了我国城镇化健康发展，使我国城镇化长期滞后于工业化。客观地看，以经济总量为导向的中央地方关系虽然在过去规模城镇化过程中曾经产生过积极影响，但随着我国进入经济转型升级的关键时期，经济总量导向不仅不利于转方式、调结构，而且容易积累更多的矛盾与风险，更不利于推进以人为核心的新型城镇化。未来几年，适应新型城镇化的大形势，尽快改变以经济总量为导向的中央地方关系，确立公共服务导向的中央地方关系，成为新阶段推进政府转型与改革中具有全局性意义的一项重大课题。

第一节　以经济总量为导向中央地方关系的基本特征

我国在工业化过程中逐步形成的现行中央地方关系，带有经济总量导向的突出特征。尤其是1994年分税制改革以来，地方政府在很大程度上获得了经济自主决策权以及相对独立的财权，并由此形成地方政府间的经济竞争关系。

一、财力向中央政府集中，地方政府财力相对薄弱

20 世纪 80 年代，由于中央政府放权让利和家庭联产承包责任制等一系列政策的施行，极大调动了地方政府发展经济的积极性。1994 年分税制改革则导致大量财权向中央政府集中，地方财政收入大幅减少，但相应的事权却并未减少，由此催生了地方政府大兴“土地财政”，产生了“跑部钱进”等行为，以确保地方有足够的财力支撑本地的公共服务供给。

1. 财政收入向中央政府集中，地方政府却承担了较多的事权

（1）财权不断向中央政府集中。在分税制改革之前，由于中央政府放权让利，地方财政收入大增，有效促进了地方经济发展。但与此形成反差的是，中央政府的财政收入锐减，财政赤字不断积累，甚至到了向地方财政借款的地步。1994 年分税制改革的实施，中央政府将大量财权上收，财政收入大规模向中央政府集中。有数据表明，中央财政收入占整个财政收入的比重由过去的 20%提高到 50%以上，而地方财政收入只占 40%多。[①] 据统计，1994—2017 年，全国公共财政收入中中央政府收入占比长期高于地方政府（见表 4.1）。

① 刘永刚．分税制致大部分财权归中央 地方被迫用卖地等渠道找钱［EB/OL］．经济网，2014-08-25.

表 4.1　1994—2017 年中央与地方政府公共财政收入情况

年份	全国（亿元）	中央（亿元）	占比（%）	地方（亿元）	占比（%）
1994	5218.10	2906.50	55.70	2311.60	44.30
1995	6242.20	3256.62	52.17	2985.58	47.83
1996	7407.99	3661.07	49.42	3746.92	50.58
1997	8651.14	4226.92	48.86	4424.22	51.14
1998	9875.95	4892.00	49.53	4983.95	50.47
1999	11444.08	5849.21	51.11	5594.87	48.89
2000	13395.23	6989.17	52.18	6406.06	47.82
2001	16386.04	8582.74	52.38	7803.30	47.62
2002	18903.64	10388.64	54.96	8515.00	45.04
2003	21715.25	11865.27	54.64	9849.98	45.36
2004	26396.47	14503.10	54.94	11893.37	45.06
2005	31649.29	16548.53	52.29	15100.76	47.71
2006	38760.20	20456.62	52.78	18303.58	47.22
2007	51321.78	27749.16	54.07	23572.62	45.93
2008	61330.35	32680.56	53.29	28649.79	46.71
2009	68518.30	35915.71	52.42	32602.59	47.58
2010	83101.51	42488.47	51.13	40613.04	48.87
2011	103874.43	51327.32	49.41	52547.11	50.59
2012	117253.52	56175.23	47.91	61078.29	52.09
2013	129209.64	60198.48	46.59	69011.16	53.41
2014	140370.03	64493.45	45.95	75876.58	54.05
2015	152269.20	69267.19	45.49	83002.04	54.51
2016	159605.00	72365.62	45.34	87239.35	54.66
2017	172592.80	81123.36	47.00	91469.41	53.00

数据来源：《中国统计年鉴 2018》

（2）地方政府财力锐减，却承担大量的事权。在财权大量上移的同时，大量的事权却并未随之上移，地方政府承担了较多的支出责任，地方政府一边要发展经济，一边要为本地区的居民提供公共服务。这也是造成当前政府职能“重经济、轻社会”的主要原因之一。事实上，在过去规模城镇化的过程中，地方政府已经成为公共服务的主要供给者。以 2017 年为例，地方政府在教育、社会保障和就业、环保、住房保障等公共服务方面的支出均在 80% 以上（见表 4.2）。

表 4.2 2017 年中央和地方公共财政主要支出项目

项目	公共财政支出	中央		地方	
	（亿元）	（亿元）	占比（%）	（亿元）	占比（%）
合计	203085.50	29857.15	14.70	173228.30	85.30
一般公共服务	16510.36	1271.46	7.70	15238.90	92.30
公共安全	12461.27	1848.94	14.84	10612.33	85.16
教育	30153.18	1548.39	5.14	28604.79	94.86
文化体育与传媒	3391.93	270.92	7.99	3121.01	92.01
社会保障和就业	24611.68	1001.11	4.07	23610.57	95.93
医疗卫生与计划生育	14450.63	107.60	0.74	14343.03	99.26
节能环保	5617.33	350.56	6.24	5266.77	93.76
城乡社区事务	20585.00	23.45	0.11	20561.55	99.89
农林水事务	19088.99	708.74	3.71	18380.25	96.29
住房保障支出	6552.49	420.67	6.42	6131.82	93.58

数据来源：《中国统计年鉴 2018》

2. 财力与事权不匹配使得一些地方政府大兴土地财政

（1）土地财政的兴起。土地财政是指一些地方政府依靠出让土地使用权所取得的收入来维持地方财政支出，属于预算外收入，也叫第二财政。分税制改革以来，由于大量的事权下放给地方政府，而地方政府又无相应的财力作支撑，这使得地方政府被迫通过卖地来获得本地区经济社会发展所需要的资金。事实上，早在20世纪80年代，我国沿海经济特区就开始效仿香港模式，尝试通过出让城市土地使用权为经济建设融资，由此开创了土地财政的独特模式。尤其是进入本世纪以来，由于大规模的城镇基础设施建设和公共服务投入，地方政府对土地出让收入的依赖越来越高。

（2）土地财政的历史贡献。客观地看，我国以工业化为支撑的规模城镇化之所以快速发展，很大程度上得益于土地财政，一些地方政府通过经营土地，积累了大量的建设资金，不仅加快了城镇基础设施建设，而且吸引了大量农村剩余劳动力向城镇流动。有数据显示，2004年我国土地出让收入为6412.18亿元，到2007年增长到12216.72亿元，短短3年时间内，土地出让金增长近一倍。[①] 到2017年，我国土地出让金达到5.2万亿元，同比增长40.7%。另据国土资源部的数据显示，2001—2014年的13年间我国土地出让金增长超过30倍，总额累计达19.4万多亿元。[②]

（3）土地出让收入成为地方财政收入主要来源。从地方层面看，相当多的城市将土地出让金作为财政收入的主要来源。据统计，2017年，全国300个城市土地出让金总额达到4万亿元，其中，排名前10位的城市土地出让金总和超过1.5万亿元，比重接近全国的1/3（见图4.1）。国家统计局的数据显示，2017年全国土地出让收入占财政收入的比重达30.2%，占地方财政收入的56.9%。从实践看，近几年来，地方政府对土地财政的依赖度不断攀升。有研究采用“城市国有土地使用权出让金收入/地方一般公共预算收入”来衡量一个城市对土地财政的依赖程度。按照这一指标，2017年，全国

① 马腾腾．我国土地出让金存在的问题分析及对策研究［J］．经营管理者，2015（2）：48．
② 近20万亿元土地出让金去哪儿了？［N］．南方日报，2014-08-28：（A11）．

百城平均依赖度达 0.68，较上年提高 19 个百分点。①

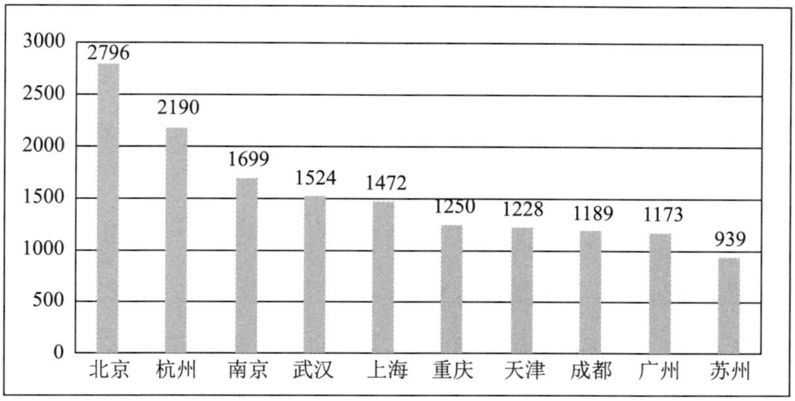

图 4.1　2017 年全国城市土地出让金排行前 10 名情况（单位：亿元）

数据来源：2017 年全国主要城市土地出让金排行榜 TOP30［EB/OL］. 中商情报网，2018-01-03.

3. 一些地方政府对转移支付的依赖性不断增强

分税制改革以来，财权上收、事权下移，造成地方事权过重，中央政府只能通过转移支付来弥补地方政府的财力缺口。有专家测算，1994—2012 年，转移支付占地方政府财政支出的平均比重约为 40.5%。② 在这个背景下，一些地区，尤其是贫困落后地区的政府为了获得更多的转移支付，纷纷“跑部钱进”，从而导致一些地方政府对转移支付的依赖程度不断加大。

与此同时，中央政府的项目投资资金往往需要地方政府配套，而地方政府由于财力有限，配套资金到位率一直很低，严重影响了项目进展。例如，2008 年中央扩大内需促进经济增长的新增投资

① 中国指数研究院．百城“土地财政”的路径依赖与趋势［R］. 2018.

② 徐琰超．财政转移支付影响地方政府行为［N］. 中国社会科学报，2014-06-25：（A06）.

中，地方配套资金到位率较低。据审计部门对全国 18 个省份的重点抽查数据显示，截至 2009 年 3 月底，中央预算内投资资金到位率 94.01%，地方配套资金到位率 47.98%。[①]

二、地方政府为获得更多税源展开激烈经济竞争

一般情况下，财政收入快于经济增长速度是一个普遍现象。分税制改革以来，我国财政收入增速多年来一直超过 GDP 增速，有时甚至高达两倍。这在很大程度上与我国以经济总量为导向的中央地方关系相联系，经济形势越好，财政收入增长就越快，由此加剧了地方政府间的经济竞争。

1. 各地招商引资竞争激烈

（1）地方各级政府成立招商机构吸引投资。改革开放以来，地方各级政府纷纷设立了专司招商引资工作的招商局或商务局，全面负责本地区的招商引资工作，取得了比较好的效果。分税制改革明确划分了中央与地方政府间的税源，充分调动了中央和地方两个积极性。从此，各地政府为了获得更多的税源，保持地方财政收入持续稳定增长，展开了地方政府间的投资竞争，有的地区为了做大经济总量，不惜一切代价招商引资，从而导致地区间招商恶性竞争加剧。

① 审计署：地方配套资金到位率低 部分项目管理不规范［EB/OL］. 中央政府门户网站，2009-05-27.

专栏 4.1 分税制体制的逐步完善

1994 年分税制财政体制框架确定后，国家又根据实际执行情况，对分税制财政体制进行了逐步完善：

1997 年，金融保险营业税税率由 5%提高到 8%后，提高 3 个百分点增加的收入划归中央；2000 年，证券交易印花税中央与地方分享比例由 50：50 改为 80：20，将税率从 3‰调增到 5‰，增加的收入全部作为中央收入，并从 2000 年起，分三年将证券交易印花税分享比例逐步调整到中央 97%、地方 3%；从 2001 年起，分三年将金融保险业的营业税税率降至 5%，中央分享部分随之取消。

2001 年，实施了所得税收入分享改革，除铁路运输、国家邮政、四大国有商业银行、三家政策性银行、中石化及中海油等企业外，其他企业所得税和个人所得税收入实行中央与地方按统一比例分享。2002 年所得税收入中央与地方各分享 50%；2003 年以后中央分享 60%、地方分享 40%。中央因改革所得税收入分享办法增加的收入全部用于对地方主要是中西部地区的一般性转移支付。

2003 年，实行出口退税负担机制改革，以 2003 年出口退税实退指标为基数，对超基数部分的应退税额，由中央和地方按 75：25 的比例共同负担；2005 年，对出口退税负担机制做出进一步完善，在维持 2004 年经国务院批准核定的各地出口退税基数不变的基础上，超基数部分由中央、地方按照 92.5：7.5 的比例分担。

2006 年起，推进农村税费改革，全面取消农业税；2008 年起，全面统一内外资企业税制；2012 年 1 月 1 日起，在上海交通运输业和部分现代服务业开展营业税改征增值税试点，至 2013 年 8 月 1 日在全国试行。“营改增”进一步简化了税制，减轻了企业税负。

资料来源：曲铁胜．关于进一步完善分税制财政体制的思考［EB/OL］．中国审计网，2014-07-28.

（2）地区间招商优惠政策竞争激烈。为了争项目、抢资源，各地出台了吸引投资的优惠政策，这些政策为发展地方经济起到了积极作用，但同时也加剧了地区间的政策竞争。主要表现在：一是对涉及重大项目的引资，地方政府往往采取特殊的优惠政策，甚至突破国家相关政策；二是给予企业特殊的税收优惠政策，例如某区为引进外区一个重点企业，承诺在外区给予该企业部分税收 60%返还的基础上，再增加 20%返还，达到 80%[①]，由此造成企业的无序流动；三是一些地区在招商引资过程中对企业规划和用地大开“绿灯”，有的甚至违反相关法律法规，擅自将未获得用地批文的土地“出让”给企业，以留住企业。

（3）地方政府招商受骗现象相当普遍。在现行政绩考核体系下，有的地方政府将招商引资作为加快本地区发展的“必需品”，招商指标往往与招商部门的目标考核、干部提拔等直接联系。一些地方在考核压力下为了完成招商引资任务和指标“饥渴”招商，尤其是落后地区的招商部门，缺乏对招商项目的鉴别能力，从而导致招商屡屡被骗。例如，2013 年发生在陕西的两起政府招商项目受骗事件，一个是投资 38.8 亿元、预计销售收入 240 亿元的项目，签约两年后，悄然取消；一个是投资 2.6 亿元、拟征地 177.2 亩的项目，却成了涉嫌诈骗的工具。[②]

2. 地方保护主义现象较为普遍

由于中央与地方政府之间的事权划分不明确，地区间过度的经济竞争导致地方保护主义盛行。主要表现在：第一，有的地方政府为了做大 GDP，放松对环境、食品药品等领域的监管，从而导致这些年各地环境污染越来越严重，食品药品安全事故频发。第二，一些地方政府为了促进本地经济发展，不同程度地采取地方保护主义，人为地阻止外地商品进入本地市场，保护本地商品不受冲击，造成了严重的市场分割，阻碍了经济资源的正常流动，难以实现国家法制统一、政令统一和市场统一。第三，地方政府为了做大 GDP，加

① 沈会丰．地方政府招商引资乱象解析［N］．东方早报，2014-08-19：（07）．

② 石志勇．“饥渴”招商屡屡受骗［N］．人民日报，2014-03-21：（04）．

剧了与中央政府的博弈。例如，一些地方在房地产调控中与中央博弈，以至于这些年房地产调控越调价格越涨。第四，一些地方政府为了保护本地区企业的利益，不同程度地干预某些行政执法和司法。

3. 一些地区基础设施重复建设，产业同构现象严重

（1）地区间基础设施重复建设造成资源错配。为了加强招商引资力度，不少地区加大基础设施建设步伐，以改善投资环境。而在推进区域经济一体化的过程中，往往出现尽管两地地理上已经联成一体，但由于地区间行政壁垒的存在，两地仍要坚持建设相同的大型基础设施，造成资源浪费。例如甘肃省的酒泉和嘉峪关两市，地理位置和交通上已经完全融为一体，两市车程不到半小时，但在发展规划上，两市都要建火车站和航空口岸，由此造成重复建设和公共资源的低效配置。再比如兰（州）白（银）一体化提出多年未取得实质性突破，由于两市产业无法对接，在招商引资上还存在着竞争关系，加上兰州新区获批，兰（州）白（银）一体化进程开始变得缓慢。

（2）地区间产业同构较为突出。由于不同地区之间相互恶性竞争，同一地区的产业相似系数一直趋高。例如，我国长三角、珠三角、京津冀等地区都不同程度存在产业同构。以长三角为例，长期以来，长三角两省一市形成了以制造业为核心的产业竞争格局。其中，长三角核心区 16 个中心城市中选择汽车作为重点发展产业的有 11 个，选择石化产业的有 8 个，选择通信产业的有 12 个。在食品、饮料、印刷、塑料、办公设备等产业方面，三地的产业同构率高达

80%以上。[①] 以相似系数[②]衡量，长三角两省一市存在产业同构化，尤其是江苏和浙江的产业结构更是高度趋同。2002 年，上海/浙江、上海/江苏的相似系数分别达到 0.7 和 0.84，低于浙江/江苏的相似系数 0.91（见表 4.3）。

表 4.3　江、浙与上海工业部门产业结构相似系数

年份	上海/浙江	上海/江苏	浙江/江苏
1988	0.86	0.92	0.97
1989	0.86	0.92	0.97
1990	0.86	0.90	0.95
1991	0.80	0.87	0.97
1992	0.78	0.86	0.97
1993	0.72	0.81	0.95
1994	0.73	0.82	0.95
1997	0.73	0.82	0.97
1998	0.74	0.85	0.96
2000	0.74	0.86	0.91
2001	0.70	0.84	0.93
2002	0.70	0.84	0.91

资料来源：陈建军．长江三角洲地区的产业同构及产业定位［J］．中国工业经济，2004（2）．

4. 中央和地方政府财政收入大幅增长

（1）财政收入增长与 GDP 增长之间的内在逻辑。经济决定财政，财政收入的增长来源于经济发展。从理论上看，经济发展包括经济增长速度、增长质量、经济结构等内容，而 GDP 仅能反映经济

① 长三角一体化与江苏发展对策研究课题组．长三角一体化与江苏发展对策研究［R］．江苏省政府研究室调查研究报告，2009-10-20.

② 相似系数是由联合国工业发展组织国际工业研究中心构造，用相似系数直接判断区域间产业结构相似程度的方法，它同时也间接反映了区际联系水平的高低。若相似系数为 1，表明两区域产业结构完全相同；若相似系数为 0，则表明产业结构完全不同。

增长的速度；财政收入是 GDP 的一部分，GDP 规模越大，就能为财政收入增长提供稳定的税源。从我国的实际情况看，财政收入取决于经济效益的高低，企业经营效益越好，利润越高，政府税收就越高。从 1994 年以来财政收入增长与 GDP 增长的态势看，财政收入增长与 GDP 增长基本上趋同，而且财政收入增速明显高于 GDP 增速，有时甚至高达两倍（见图 4.2）。例如，1994—2003 年，我国 GDP 只增长了 150%，而财政收入却增长了 316%，两者相差一倍。再如，2005 年我国 GDP 总量比 1994 年增长 280%，但税收收入却比 1994 年增长 461%，财政收入增长 507%。①

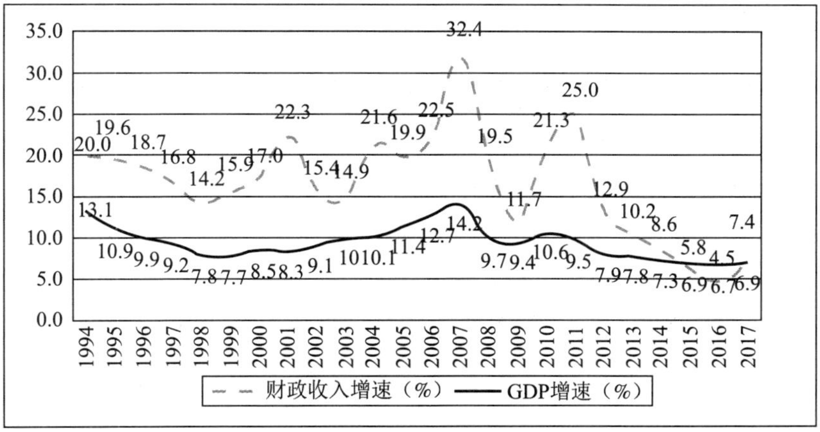

图 4.2　1994—2017 年我国公共财政收入与 GDP 增速图

数据来源：根据《中国统计年鉴 2018》数据计算所得。

（2）财政收入占 GDP 的比重不断攀升。财政收入占 GDP 的比重，又被称作财政依存度，是衡量一个国家或地区经济运行质量的重要指标。通常，财政收入占 GDP 的比重越高，表明一个国家或地

① 严友良．财政收入增速远超 GDP 隐忧［J］．大经贸，2012（21）：70-73.

区的财力越充足。分税制改革以来，我国财政收入呈现快速增长的势头，2011 年，我国财政收入总规模突破 10 万亿元，中央与地方政府财力大幅提升。根据统计数据计算，1994—2017 年，我国财政收入占 GDP 的比重由 10.8%提升至 20.9%（见图 4.3）。

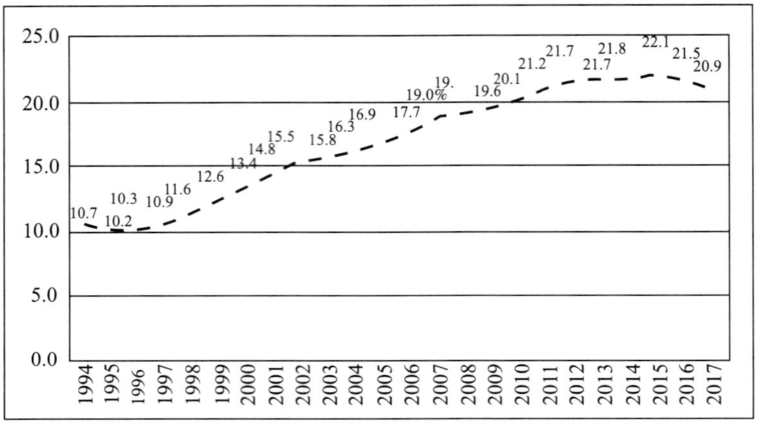

图 4.3　1994—2017 年我国财政收入占 GDP 的比重情况（%）

数据来源：根据《中国统计年鉴 2018》数据计算所得。

（3）地方财政收入增速远超 GDP 增速。分税制改革不仅调动了中央和地方两个积极性，更重要的是推动形成了竞争性地方政府增长模式；不仅全国层面财政收入增长速度明显高于 GDP 增速，在地方层面，由于各地政府日益激烈的 GDP 竞争，地方财政收入增速往往大幅高于 GDP 增速。例如，2011 年上海 GDP 增长 8.2%，而地方财政收入增长 19.4%，两者相差约 2.5 倍；同年北京地方财政收入增长 27.7%，而 GDP 增速仅为 8.1%，差距更为明显（见表 4.4）。

表 4.4 2011 年全国部分省（市）财政收入增速与 GDP 增速情况

地区	财政收入增速（24.8%）	GDP 增速（9.6%）
全国	24.8	9.6
北京	27.7	8.1
上海	19.4	8.2
辽宁	31.7	12.1
湖北	33.0	13.8
重庆	46.1	16.4
甘肃	27.4	12.5

数据来源：根据《中国统计年鉴 2014》和 2011 年各地统计公报整理。

三、形成以经济总量为导向的官员政绩考核体系

在经济总量导向的中央地方关系下，地方政府逐步形成了以经济总量为导向的政绩观。但在我国经济转型升级的重要历史关口，尤其是由规模城镇化向人口城镇化转型的关键时期，这种以经济总量为导向的官员政绩考核体系越来越难以持续。

1. 以经济总量为导向的政绩观逐步形成

改革开放以来，我国坚持以经济建设为中心，各级政府无例外地把促进经济增长作为自身的主要职责，由此上一级政府主要以经济增长为“指挥棒”考核下一级政府官员的体制逐步建立并固定下来。尤其是分税制改革以后，地方政府获得了发展经济的自主权和收益权，这极大调动了地方政府发展经济的积极性，随后经济增长被列入地方各级官员的考核指标中，使得地方各级官员逐步形成以经济总量为导向的政绩观，一些地方把经济增长作为年终干部考核的“硬杠杠”，政绩考核以增长排名次，由此加剧了地方政府间的经济竞争。

2. 辩证看待经济总量导向的政绩观

毫无疑问，以 GDP 作为衡量政绩的重要指标，成为我国改革开放 40 年来经济高速增长的重要动力之一。张五常教授也指出："改革开放后各地方政府之间，尤其是县级政府之间的竞争，是中国经济这些年高速增长的一个主要原因。"[①] 客观地看，这些年来，规模城镇化快速推进、城市建设日新月异都与此直接相联系。但同时，在经济总量导向的政绩观下，一些地方官员片面地追求政绩，大兴土木，大搞政绩工程、形象工程，甚至不惜牺牲生态环境、民生福祉为 GDP 让路，为自己标榜政绩。相关报道显示，2014 年，在党的群众路线教育实践活动收官之际，全国叫停 663 个"形象工程""政绩工程"，存在弄虚作假的 436 起问题中，共有 418 人被查处，这是中央首次大规模叫停"政绩工程"。[②] 从实际情况看，这些政绩工程表面上看是提升了政府形象，但从长远来看，却损害了人民的根本利益，给党和国家造成了严重的损失。

3. 以"GDP 论英雄" 时代的终结

（1）经济增长迈向新常态。在国际市场发生深刻复杂变化和内需不足的双重压力下，我国经济正从高速增长向中高速增长的新常态转变。未来 5~10 年，由于产业结构由中低端向中高端迈进，经济增长很难再保持过去两位数的高速增长，以工业主导、投资驱动、经济竞争为代表的竞争性地方政府发展模式越来越难以适应经济转型升级的客观要求。为此，一方面，需要充分发挥市场在资源配置中的决定性作用，积极培育、打造新引擎，推动大众创业、万众创

① 张五常．中国的经济制度［M］．北京：中信出版社，2009：144-146.

② 杜放，叶前．"政绩工程"如何收场？全国 663 个"形象工程""政绩工程"被叫停［EB/OL］．新华网，2014-10-14.

新；另一方面，需要更好地发挥政府作用，改造、升级传统引擎，增加公共产品、公共服务供给。

（2）新型城镇化加速推进。新型城镇化的核心是人的城镇化。推进以人为本的城镇化，关键是为城乡居民提供基本而有保障的基本公共服务，满足城乡居民日益增长的发展型消费需求，由此提升城镇化的生活品质，从根本上摆脱过去以工业化为支撑、摊大饼式的规模城镇化发展模式，加快形成以服务业为支撑、以中小城镇为重点的人口城镇化新格局。

（3）中央与地方政府的决心和魄力。在我国经济转型升级的关键时期，继续深化以经济总量为导向的政绩观，不仅不利于经济结构调整，而且容易积累更多的矛盾与风险。为此，2013 年 12 月中央出台《关于改进地方党政领导班子和领导干部政绩考核工作的通知》，明确不再以 GDP 论英雄。《通知》规定："今后对地方党政领导班子和领导干部的各类考核考察，不能仅仅把地区生产总值及增长率作为政绩评价的主要指标，不能搞地区生产总值及增长率排名，中央有关部门不能单纯依此衡量各省（自治区、直辖市）的发展成效，地方各级党委政府不能简单地依此评定下一级领导班子和领导干部的政绩和考核等次，对限制开发区域和生态脆弱的国家扶贫开发工作重点县取消地区生产总值考核。"在地方层面，绝大多数省份也开始淡化 GDP 考核目标。有数据显示，自 2013 年以来，福建、山西、宁夏、河北、浙江等省份，降低或取消了对基层的 GDP 考核。其中，70 多个县市明确取消了 GDP 考核。[①] 这些均表明，中共"十八大"以来，"淡化 GDP，重视公共服务"逐步成为政绩考核的新导向。

---

① 潘璠，化成．"淡化 GDP"背后的积极信号［N］．经济日报，2014-08-20：（05）．

第二节　以经济总量为导向的中央地方关系面临突出矛盾

实践中，以经济总量为导向的中央地方关系越来越难以适应经济社会可持续发展的需要，矛盾与问题日益凸显。这里主要从中央与地方公共职责分工、财税关系、公共资源配置三个方面进行分析。

一、中央与地方公共职责分工不明的矛盾突出

分税制改革以来，地方政府在财权大幅降低的基础上所承担的公共服务却有增无减，严重超出地方政府的财力承受范围。中央与地方公共职责分工不明，在经济总量导向的中央地方关系下，使得地方政府专注做大经济总量，而公共服务供给相对薄弱。

1. 中央与地方政府公共职责分工不明确

尽管我国早已提出建设公共服务型政府的目标要求，但由于中央与地方公共服务职责分工不明，使得各级政府公共服务职能在很大程度上无法有效履行。沈荣华认为："明确划分各级政府公共服务的职责范围，是建立公共服务体系的首要前提和基础。"[①] 从这个层面上看，当前公共服务领域的城乡差距、地区差距、群体差距，在很大程度上是因为没有建立起合理的公共服务分工体制。一般来说，

① 沈荣华．各级政府公共服务职责划分的指导原则和改革方向［J］．中国行政管理，2007（1）：9.

公共服务分工体制是指按照公共产品的不同属性，在各级政府间合理分配公共事权的制度安排。改革开放之前，由于我国实行高度集中的计划经济体制，所有人员的福利由国家包办，中央与地方关系的调整主要围绕经济管理权限而展开。改革开放以来，随着市场化改革的逐步深入，中央与地方公共服务分工问题日益突出，尤其是分税制改革之后，地方政府在财政实力大幅削弱的同时，所承担的公共服务职能不减反增，“地方政府除了要努力提供地方基础设施、教育、科技、卫生等方面的公共物品和公共服务外，还要努力发展地方经济”,[①] 同时承担来自中央政府下达的任务，从而导致地方政府承担了很多超出自身财力范围的公共职责，使地方政府背上沉重的财政负担。这也是地方政府专注做大经济总量、忽视公共服务供给的重要原因。

2. 中央与地方公共职责分工缺乏制度化、 法律化保障

在全面依法治国的背景下建设公共服务型政府，最基本的是要依法明确界定各级政府的公共服务职责范围。问题是，当前我国《宪法》和《中华人民共和国地方各级人民代表大会和地方各级人民政府组织法》对各级政府公共服务职责的规定较为笼统，到底中央政府负责提供哪些公共服务，地方政府负责提供哪些公共服务，中央和地方政府共同承担哪些公共服务，法律上尚未有明确界定，而且上下级政府之间公共服务职责存在重叠，各级政府间公共服务法定职责并不十分清晰，这使得各级政府在提供公共服务时，不可避免出现某些“越位”“缺位”及“错位”等现象，一些本该由上

---

① 刘华．中国地方政府职能的理性归位——中央与地方利益关系的视角［J］. 武汉大学学报（哲学社会科学版），2009（4）：506.

一级政府负责提供的公共服务却由基层政府负责，这不仅制约了公共服务的有效供给，而且影响着公共服务未来的持续稳定供给。值得注意的是，2018 年 2 月，国务院办公厅公布《基本公共服务领域中央与地方共同财政事权和支出责任划分改革方案》，进一步明确了基本公共服务领域中央与地方的支出责任。

3. 缺乏公共服务问责机制

公共服务问责机制的缺失，使监管缺乏实质性意义。当前我国的问责机制正在逐步建立，《行政许可法》的实施为行政问责奠定了法制化基础，但公共服务领域的问责机制尚未完全建立。除了少数领域（如两基达标）外，大部分公共服务监管无法进行问责。从我国的实际情况看，在现行的政府绩效考核体系中，缺乏对各级政府提供公共服务的数量、结构、质量标准等的刚性约束。政府的许多公共政策“重制定、轻执行、不问效”的特征明显，实施过程中缺乏有效的监管和完善的问责机制，从而导致提高公共服务效能的外在压力和内在动力“双重缺失”。

二、中央地方财税关系掣肘地方治理转型

实现地方治理由重经济向重公共服务转型，需要地方政府承担更多的公共服务支出责任。但在现行中央地方财税关系下，地方政府很难有财力支撑庞大的公共服务支出，越往基层，财力越弱，而承担的事权却相应较大，由此制约了地方治理转型。

1. 地方财政自给能力减弱，却承担较多的公共服务支出责任

实践表明，财政自给能力越强，越能保障地方公共服务供给，

反之亦然。[①] 根据《中国统计年鉴 2018》数据计算，1993—2017 年我国中央财政自给率由 0.73 上升到 2.72，地方财政自给率由 1.02 下降到 0.53。实际上是分税制之后，地方财政自给能力大幅下降，而且自给率长期维持在 0.6 上下。而许多应由中央政府承担的公共服务职能实际上由地方政府承担，而地方政府承担较多的公共服务供给责任却没有相应的财政收入作为支撑，尤其是基层政府财力最为脆弱。有数据表明，目前有 70%的公共服务支出发生在省级以下，其中有 55%的支出来自于县乡两级政府，而县乡财政收入仅占全国财政收入的 21%。[②]

2. 地方税体系尚未形成

根据当初的分税制改革方案，中央税种主要包括消费税和关税，地方税种主要包括营业税、城镇土地使用税、土地增值税、车船税、印花税等，中央与地方共享税种包括增值税和所得税。在现行的税制结构中，第一，共享税地方分成比重偏低，例如，企业所得税中央与地方按照“六四分成”；第二，营业税一直处于地方税中的主体税种，在“营改增”全面推行的情况下，这种主体税种地位逐步消失；第三，地方政府更多依赖土地财政、非税收收入等短期行为来获得更多财政资金。总的看，地方税体系不健全成为中央地方财税关系的突出矛盾。

3. 征税成本比较高

分税制改革将国税与地税机构分设，在特定历史条件下发挥了

---

① 财政自给率是地方财政一般预算内收入与地方财政一般预算内支出的比值，财政自给率是判断一个地区发展健康与否的一个重要指标。

② 马改艳，等. 构建中央与地方政府分工合理的公共服务体制［J］. 学理论，2009（36）：55-57.

重要作用。随着分税制的矛盾与问题凸显，税收征管成本和运行成本急剧攀升。据有关统计显示，1994 年国税、地税分设时，我国在编税务人员不到 60 万人，现总数已高达 100 余万人，是日本的 9 倍，加拿大的 20 倍，美国的 11 倍。据分析，目前我国的征税成本率高达 5%~6%，比发达国家平均水平高出三个百分点以上。① 2018 年，中共中央印发《深化党和国家机构改革方案》，明确提出将国税与地税合并，但难以在短期内降低征税成本。

三、公共资源配置不均导致大中小城镇发展失衡

与大城市相比，中小城镇普遍存在公共资源配置不足的问题。例如，中小城镇供水普及率、污水处理率、生活垃圾无害化处理率等均与大城市有较大差距，加上教育、医疗等公共服务供给不足，成为制约中小城镇发展的突出因素。

1. 大中小城镇公共资源配置不合理的矛盾突出

（1）大中小城镇基础设施配置不均。从全国的情况看，各大城市供水、供电、供气、公共交通等基础设施供给已经相当完善，而许多中小城镇基础设施建设仍然滞后。有数据显示，2012 年底，全国还有 20%的小城镇没有集中供水，有 80%的小城镇没有污水和垃圾处理设施。②

（2）大中小城镇医疗资源配置不均衡。有数据表明，北京每天有 70 万外地患者看病。大量外地人口进京就医，使北京成为全国的“看病中心”，从中折射出我国医疗资源配置严重不均。从全国的情

① 蒋大鸣．税收成本高，国税地税机构合并或为改革方向［N］．东方早报，2009-01-22：（A22）．

② 尹中卿：城镇化关键是提升质量［N］．经济参考报，2013-01-30：（03）．

况看，北京、上海等大城市无论医疗机构床位数还是医生数，在全国都是居于前列的，而一些中小城市的医疗资源配置水平只相当于这些大城市的一半左右。例如，2013 年广州市每千人口医疗机构床位数 9 张，而湖北咸宁市只有 5 张；广州市每千人口医生数为 5.3 人，咸宁为 2.5 人，两者相差 2 倍多（见表 4.5）。另据卫生部的数据，目前全国 80%的医疗资源集中在大城市，其中的 30%又集中在大医院。①

（3）大中小城镇教育资源配置不均衡。除医疗资源外，城市间教育资源分布也不均衡。例如，北京、广州等特大城市的普通高校数量普遍在 80 所以上，而中小城市普遍在 10 所以下，就连大城市也在 20 所以内（见表 4.5）。当前，异地高考的矛盾相当突出，根本原因也在于教育资源分配不均导致的地区差距。

表 4.5 2013 年部分大中小城市市辖区公共资源配置情况

城市类型	城市	每千人口医疗机构床位数（张）	每千人口医生数（人）	普通高校数（所）
特大城市	北京	9.1	6.7	89
	广州	9.0	5.3	80
大城市	无锡	7.3	3.8	12
	厦门	6.2	4.4	17
中等城市	舟山	5.4	3.2	3
	咸宁	5.0	2.5	2
小城市	金昌	6.1	3.3	1

数据来源：国家统计局城市社会经济调查司．2014 中国城市统计年鉴［M］．北京：中国统计出版社，2014.

① 黄春景．“全国看病中心”折射医疗资源分布失衡［N］．广州日报，2014-05-20：(20)．

2. 城市病蔓延仍阻挡不住大城市的吸引力

随着城镇化快速推进，我国大城市发展速度惊人。按照旧的城市规模划分标准，2010 年，我国 100～500 万人口城市为特大城市，全国共有 140 个；而按 2014 年新的城市规模划分标准，人口达到 500 万以上的才是特大城市，全国仅有 16 个。截至 2013 年底，我国 100 万以上人口的大城市达 127 个，其中超过 400 万人口的城市为 21 个，超过 1000 万人口的城市有 6 个。[①] 尽管这些大城市目前无一例外地出现交通拥堵、环境污染、教育医疗资源紧缺、住房紧张等城市病，但大城市的吸引力仍然只增不减。以北京为例，尽管实行了最为严格的户籍管理制度，2006—2013 年北京市人口增长总量接近 1995—2005 年人口增长总量的 2 倍。[②] 据统计，截至 2017 年底，北京市常住人口达到 2170.7 万人，其中，常住外来人口 794.3 万人，占常住人口的比重为 36.6%。客观地看，北京人口快速增长与北京拥有全国最优质的公共资源和公共服务水平紧密相关。

3. 中小城镇的吸引力不强

中共十八届三中全会《决定》明确提出："创新人口管理，加快户籍制度改革，全面放开小城镇和小城市落户限制，有序放开中等城市落户限制，逐步放宽大城市落户条件，合理设定特大城市落户条件，严格控制特大城市人口规模。"从现实情况看，我国中小城镇的吸引力不强，劳动力仍向北上广深等大城市集中。有数据显示，目前，我国县域城镇建成区平均人口只有 7000 人左右，相当多的建

---

① 朱隽，顾仲阳．"城市病"困扰大城市 大城市空间有多大？［N］．人民日报，2014-05-19：（17）．

② 李铁，范毅，王大伟．北京人口调控该往哪走？［N］．光明日报，2014-05-27：（11）．

制镇居民不足 5000 人。[1] 主要原因在于：第一，与大城市相比，中小城镇交通条件相对落后，便利化程度不高；第二，中小城镇产业基础薄弱，难以吸收大量的人口就业；第三，核心的问题是中小城镇基础设施和公共服务水平不及大城市，与大城市形成极大的反差。据中国社会科学院《中国新型城镇化道路的选择》报告显示，我国过去城市人口比重增加主要在大城市，小城镇人口数量占比在下降。2000—2010 年，我国 20 万人口以下的城市数量由 353 个下降到 258 个，吸纳人口比重由 18.52%下降到 10.31%。[2]

第三节　新型城镇化背景下中央地方关系亟待转型

“十二五”以来，中央一再强调发展以人为核心的新型城镇化，这使得我国在工业化过程中形成的以经济总量为导向的中央地方关系面临多方面的挑战。第一，经济结构调整很大程度上与政府主导的经济发展模式相关联，不改变竞争性地方政府增长模式，经济转型升级就很困难；第二，新型城镇化要以服务业为支撑，而现行中央地方关系主要激励地方做大工业；第三，我国进入工业化中后期，经济发展对资源环境的约束全面增强。也就是说，尽管这种模式在短期内仍可以继续做大 GDP，但会使经济转型升级的矛盾和危机因素越积越多，给中长期可持续发展埋下更大的隐患，并成为我国新

① 尹中卿：城镇化关键是提升质量［N］. 经济参考报，2013-01-30：（A03）.

② 定军．小城市数量 10 年减少近百 社科院建议启动县镇改市［N］. 21 世纪经济报道，2013-09-26：（4）.

型城镇化进程中的严峻挑战。

一、经济转型升级面临严峻挑战

按照迟福林教授的判断，未来几年是我国经济转型升级的最后“窗口期”。2015年中央经济工作会议将去产能、去库存、去杠杆作为“十三五”开局之年的重要任务。从实际情况看，当前产能过剩、房地产高库存、金融高杠杆率与传统政府主导型经济增长方式直接相关联。也就是说，政府主导型经济增长方式不改变，无论是去产能、去库存、去杠杆，还是转方式、调结构都很困难，而且还会延误经济转型升级的历史机遇，给中长期发展埋下更多的经济风险与隐患。

1. 产能过剩的压力不断增强

（1）产能过剩成为产业转型升级的突出矛盾。在市场经济条件下，供给端与需求端很难完全相等，供大于求或供不应求都是正常状态。而产能过剩是供给远远大于需求。国外学者一般认为产能利用率在79%~83%都属于正常范围，如果产能利用率超过90%就被认为是产能不足，如果低于79%则被认为是产能过剩。[①] 分税制以来，地方政府为了做大GDP而主导的大量投资，造成投资消费结构的严重失衡，尤其是国际金融危机以来，在外部市场全面萎缩的情况下，产能过剩呈现长期性、全面性的突出特征。根据国务院发展研究中心2013年对3545家企业所在行业产能过剩情况的调查，71%的企业认为目前产能过剩“非常严重”或“比较严重”。此外，67.7%的企业认为，要消化目前的过剩产能，需要“3年以上”的

① 赵振华．关于产能过剩问题的思考［J］．中共中央党校学报，2014（2）：91-94.

时间，其中认为需要“5 年及以上”的企业占到 22.7%。[①]

（2）传统产业面临产能过剩。据统计，2012 年底，我国钢铁、水泥、平板玻璃、电解铝、船舶产能利用率分别仅为 72%、73.7%、73.1%、71.9%和 75%，明显低于国际通常水平。[②] 以钢铁行业为例。1998 年钢铁行业的产量达到 1 亿吨，2003 年达到 2 亿吨，从 1 亿吨到 2 亿吨花了 5 年时间；但 2003 年后，钢铁行业在短短的 6 年时间里产量增加了 4 亿吨，2010 年超过 6 亿吨。2012 年，除了钢铁、水泥、平板玻璃、煤化工、造船等传统行业产能大量过剩外，氮肥、电石、氯碱、甲醇、塑料等一度热销的化工产品也因为产大于需而销售困难；铜、铝、铅锌冶炼等有色行业生产形势低迷，产能过剩问题凸显。据《2012 年中国工业经济运行上半年报告》，我国钢铁行业产能过剩超过 1.6 亿吨，水泥产能过剩超过 3 亿吨，铝冶炼行业产能利用率仅为 65%左右。[③] 目前，我国钢铁、水泥、煤炭、有色金属等的产量都已经达到或超过全球产量的一半。[④]

（3）新兴产业也面临产能过剩。2008 年的国际金融危机后，我国把光伏产业确定为战略性新兴产业。但从实际情况看，光伏产业同样出现严重的产能过剩。一方面，我国光伏市场仍居世界前列。数据显示，2017 年，我国多晶硅产量 24.2 万吨，同比增长 24.7%；硅片产量 87GW，同比增长 34.3%；电池片产量 68GW，同比增长 33.3%；组件产量 76GW，同比增长 31.79。光伏产业链各环节生产

① 张翼．挑战空前 前景光明——专家解读化解产能过剩政策措施［N］．光明日报，2014-05-24：（04）．

② 国务院关于化解产能严重过剩矛盾的指导意见［Z］．2013-10-06.

③ 迟福林．改革红利——十八大后转型与改革的五大趋势［M］．北京：中国经济出版社，2013.

④ 尹中立．2012 中国经济最大挑战是产能过剩［EB/OL］．每日经济新闻，2011-12-24.

规模全球占比均超过50%。另一方面，由于产能过剩以及西部电力资源富余与外投能力不足间的矛盾突出，西北地区弃光严重。数据显示，2016年，我国西北五省（区）弃光率达19.81%，新疆、甘肃光伏发电运行较为困难，弃光率分别为32.23%和30.45%。[①] 在这个背景下，相关部委严求严格控制新上单纯扩大产能的光伏制造项目。

（4）产能过剩带来严重的就业压力。化解产能过剩，加快经济结构调整，是实现经济转型升级的关键一步。但从现实情况看，化解产能过剩会给社会带来严重的就业压力。从全国的情况看，河北作为产能过剩相对集中的省份，在化解产能过剩过程中企业职工就业压力繁重。预计到2019年底，河北省炼钢产能将由2011年峰值的3.2亿吨减少到2.13亿吨，有冶炼能力的生产厂点由148个减至70个，企业由123家减至48家；水泥产能降至2.06亿吨，提前实现控制到2亿吨左右的目标，由此将涉及大量的职工再就业压力。

2. 房地产问题凸显

（1）城镇化助推房地产市场快速发展。在过去的规模城镇化过程中，由于GDP导向的政府发展理念，不少地方政府把房地产作为经济发展的支柱产业之一。过去40年来，我国的城镇化伴随着城镇人口集聚、城镇规模不断扩张，由此促进了房地产业的快速发展。据统计，1998—2017年，我国房地产开发投资累计完成85万亿元，年均增长21.4%；2017年房地产开发投资占全部投资的比重为17.1%，比1997年提高4.4个百分点。[②]

---

① 光伏再现产能过剩之忧［N］. 经济参考报，2018-04-03：（A05）.

② 国家统计局. 固定资产投资快速增长 经济社会发展基础加强——改革开放40年经济社会发展成就系列报告之八［EB/OL］. 国家统计局网站，2018-09-06.

（2）一些地方经济发展高度依赖房地产投资。在我国经济30多年高速增长过程中，许多省份都高度依赖房地产投资，房地产投资已经成为拉动当地经济增长的重要引擎。“房地产开发投资占GDP的比重”是衡量地方经济增长对房地产投资依赖度的重要指标，房地产开发投资占比越高，表明地方经济对房地产投资依赖程度越大。据统计，2018年前三季度，全国31省份“房地产开发投资占GDP比重”排名中，海南占比达到34%，位居榜首；安徽第二，为22%；重庆第三，为21%；其他大多数省份都在10%~15%。[①]

（3）房价持续上涨，老百姓住房压力不断增大。1998年以来，我国各地房价持续快速上涨，许多地方的住房价格远远超过了居民购买能力。按照国际惯例，房价收入比[②]在3~6倍之间为合理区间。从全国来看，我国房价收入比长期维持在7~8倍之间（见图4.4），略高于国外水平；但从各地的情况看，城市之间的差距比较大。据调查，全国大部分大中城市房价收入比超过6倍，其中北京、沈阳、贵阳、南京、广州、大连和西安的比率都超过了20倍甚至更高。

（4）中央与地方政府博弈导致房价调控接连乏力。我国自2003年就开始调控房价，10多年来先后颁布了数十项调控政策，但始终难以遏制房价上涨的态势。这里除了有城镇化快速发展、住房刚性需求增大的客观因素，更有地方政府增加财政收入、拉高土地成本的内在冲动。首先，在现行土地制度安排下，地方政府可以一次性征收50~70年的土地出让金，极大地激励了地方政府以地生财；其次，土地出让金成为地方政府名副其实的“第二财政”，使得房地产价格

---

① 31省份“经济对房地产依赖度”排名：海南最高［EB/OL］. 中国新闻网，2018-11-24.

② 所谓房价收入比（Housing Price-to-Income Ratio），是指住房价格与城市居民家庭年收入之比。

事实上与地方政府的收入直接挂钩；第三，近年来，不少地方在房地产去库存过程中房价不降反升，跟中央与地方的博弈有很大的关系。

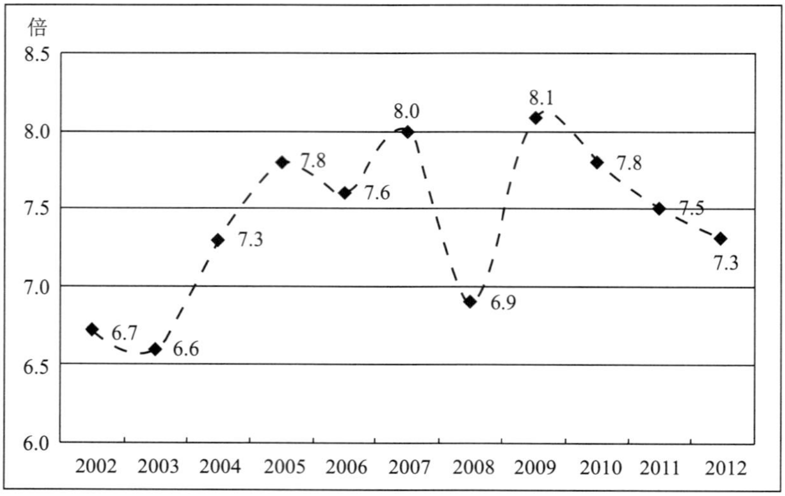

图 4.4　2002—2012 年中国房价收入比变化趋势

数据来源：侯为民，孙咏梅．中国房地产市场泡沫化程度分析及对策[J]．社会科学辑刊，2014（3）：82-89.

3. 地方债带来的金融风险加剧

（1）地方政府面临巨大的偿债压力。近些年来，为了缓解经济建设中的资金缺口，地方政府通过搭建各类融资平台筹措资金，形成了大量的政府性债务。国家审计署数据显示，2008 年，我国地方债余额仅为 3.2 万亿元，2010 年增加到 10.7 万亿元，到 2013 年 6 月底增加到 17.89 万亿元（见表 4.6）。如此庞大的债务规模在近 2～3年内将达到偿债高峰，使地方政府面临沉重的偿债压力。数据显示，2014 年全国地方政府到期应偿债务达到 23970 亿元，占地方债余额的 21.89%，是偿债压力最重的一年。2015—2017 年地方债到期比重则分别为 17.06%、11.58%和 7.79%，2018 年及以后到期需偿还的占 18.76%（见表 4.7）。①

表 4.6 截至 2013 年 6 月各省份债务规模及占比情况

地区	各省份债务总规模（亿元）	各省份占比（%）	地区	各省份债务总规模（亿元）	各省份占比（%）
江苏	14768.74	8.3	湖北	7680.78	4.3
广东	10165.37	5.7	山西	4178.50	2.3
浙江	9905.05	5.5	江西	3932.49	2.2
上海	8455.85	4.7	内蒙古	4542.07	2.5
山东	7960.26	4.4	四川	9229.62	5.2
天津	4833.74	2.7	重庆	7360.27	4.1
福建	4794.45	2.7	贵州	6321.61	3.5
辽宁	7590.87	4.2	陕西	6093.79	3.4
北京	7554.14	4.2	云南	5954.83	3.3
河北	7514.76	4.2	广西	4329.25	2.4
海南	1410.84	0.8	甘肃	2961.47	1.7
吉林	4248.36	2.4	新疆	2746.15	1.5
黑龙江	3588.12	2.0	青海	1057.65	0.6
河南	5541.94	3.1	宁夏	791.00	0.4
安徽	5297.32	3.0	全国	178908.70	100.0
湖南	7737.29	4.3			

数据来源：根据审计署"2013 年第 32 号：全国政府性债务审计结果"，以及各省、市审计局政府性债务审计结果整理。

表 4.7 2013 年 6 月底以来地方政府性债务余额未来偿债情况表

偿债年度	政府负有偿还责任的债务		政府或有债务	
	金额（亿元）	比重（%）	政府负有担保责任的债务（亿元）	政府可能承担一定救助责任的债务（亿元）
2013 年 7 月—12 月	24949.06	22.92	2472.69	5522.67
2014 年	23826.39	21.89	4373.05	7481.69
2015 年	18577.91	17.06	3198.42	5994.78

① 审计署. 2013 年第 32 号：全国政府性债务审计结果［R］. 2013-12-30.

续表

偿债年度	政府负有偿还责任的债务		政府或有债务	
	金额（亿元）	比重（%）	政府负有担保责任的债务（亿元）	政府可能承担一定救助责任的债务（亿元）
2016 年	12608.53	11.58	2606.26	4206.51
2017 年	8477.55	7.79	2298.60	3519.02
2018 年及以后	20419.73	18.76	11706.75	16669.05
合计	108859.17	100.00	26655.77	43393.72

数据来源：审计署 . 2013 年第 32 号：全国政府性债务审计结果［R］. 2013-12-30.

（2）地方政府过度依赖土地收入偿债。在过去规模城镇化的过程中，形成了地方政府直接依赖土地收入偿还地方债务的基本格局。据统计，截至 2012 年底，全国 11 个省级政府、316 个市级政府和 1396 个县级政府承诺以土地出让收入偿还的债务余额为 3.49 万亿元，占省、市、县三级政府负有偿还责任债务余额的 37.23%。[①]

（3）地方金融风险加剧。在总量导向的中央地方关系下，地方政府为了加快地方建设不断举债融资，形成了大量的政府债务，带来了巨大的金融风险，为地方发展埋下了严重隐患。一方面，在政府主导资源配置的经济增长模式下，商业银行将大量信贷资金投向资本密集型的大型工业项目、高产值的产业和政府形象工程项目，由于地方政府债台高筑现象比较普遍，导致银行业不良贷款发生率较高；另一方面，由于我国经济增长下行压力增大，银行信贷资金收紧和土地出让金将明显减少，一些地方政府开始尝试通过银行表外业务、“影子银行”等渠道融资，大幅提升了政府隐性债务风险。

① 审计署 . 2013 年第 32 号：全国政府性债务审计结果［R］. 2013-12-30.

专栏 4.2 个别地方债台高筑现象普遍

据国家审计署数据，至 2010 年底，在省、市、县三级政府，除 54 个县（区）没有政府性债务外，全国其他地方政府均有政府性债务。至 2012 年底，有 3 个省级、99 个市级、195 个县级、3465 个乡镇政府负有偿还责任债务的债务率高于 100%；其中，有 2 个省级、31 个市级、29 个县级、148 个乡镇 2012 年政府负有偿还责任债务的借新还旧率（举借新债偿还的债务本金占偿还债务本金总额的比重）超过 20%。截至 2013 年 6 月底，全国省、市、县、乡四级政府负债分别为 3.42 万亿元、7.29 万亿元、5.04 万亿元、0.36 万亿元，其中市、县两级政府负债超过 12 万亿元，占地方债总量的 80%以上。在地方政府负有偿还责任的债务余额中，逾期债务 1.15 万亿元，逾期债务率超过 10%。

资料来源：人大常委：地方债规模或超 30 万亿 审计只摸清了“底数”［J］. 中国经济周刊，2014（32）：36-39.

二、不利于新型城镇化健康发展

新型城镇化的核心是人的城镇化。在经济总量导向的中央地方关系下，地方政府以做大城镇规模为目标，忽视了人的全面发展，由此不仅使户籍人口城镇化长期滞后于规模城镇化，而且不利于产业转型升级，尤其是服务业的发展。

1. 户籍人口城镇化率偏低

在经济总量导向的中央地方关系下，我国规模城镇化快速发展，到 2017 年，我国名义城镇化率已经达到 58.5%。问题在于我国户籍人口城镇化率偏低。2017 年底，我国户籍人口城镇化率只有 42.35%，不仅低于名义城镇化率约 16 个百分点，而且低于 2011 年世界 52%的平均水平。为此，中共十八届五中全会明确提出“十三五”期间我国“户籍人口城镇化率加快提高”。

2. 各地“鬼城”频现

随着城镇化进程加快，各地出现了一股“新城热”“新区热”，但在 GDP 导向的政绩观下，摊大饼式地推进城镇化使得不少新城或新区成为“鬼城”。据 2013 年有关部门对 12 个省份的摸底调查，12 个省会城市都要建新城，共规划了 55 个新城；144 个地级市中有 133 个要建新城，共规划了 200 个新城；161 个县级市中有 67 个要建新城。已经公布规划面积的 96 个新城，共规划占地 6105 平方公里，相当于所在城市现有建成区一半以上的面积。① 在这种背景下，从南到北、从沿海到内地、从一线城市到小县城，许多新城、新区沦为“鬼城”。

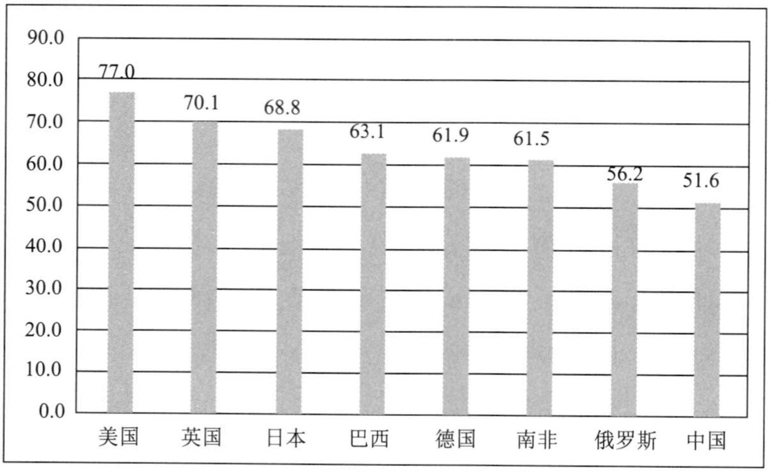

图 4.5　2017 年中国与部分国家服务业占比情况（%）

注：美国、日本为 2016 年数据。

数据来源：国家统计局．中国统计年鉴 2018［M］．北京：中国统计出版社，2018.

3. 服务业发展滞后不利于新型城镇化发展

在经济总量导向的中央地方关系下，地方政府以工业支撑城镇

① 谨防“新城”变“鬼城”［N］．经济日报，2013-08-09：(01)．

化的发展模式越来越难以持续。新型城镇化要以服务业为支撑，但我国服务业的发展明显滞后。尽管2017年我国服务业占GDP的比重已达到51.6%，但仍远低于2000年发达国家70.1%的平均水平。2017年，俄罗斯、巴西和南非的服务业占比分别为56.2%、63.1%、61.5%（见图4.6）。总的来看，与俄罗斯、巴西、南非等金砖国家相比，我国服务业占GDP的比重至少低5~10个百分点；与发达国家相比，至少低20个百分点以上。

三、不利于绿色发展

在经济总量导向的发展理念主导下，地方政府不惜以牺牲环境为代价做大GDP，在加剧环境污染的同时，也加大了资源消耗，使得我国资源环境面临前所未有的压力。为此，中共十八届五中全会明确把“绿色发展”作为“十三五”的重要发展理念之一。

1. 环境污染较为严重

（1）环境保护成为突出的社会问题。从目前的情况看，全国十大水系水质一半被污染，国控重点湖泊水质四成被污染，31个大型淡水湖泊水质17个受到污染；空气污染不比水体污染轻，光化学烟雾、雾霾和酸雨等现象时有发生；一些地区的重金属污染严重。环境问题已经严重威胁到人们的健康。据《2014中国环境状况公报》，2014年全国开展空气质量新标准监测的161个城市中，仅有16个城市空气质量年均值达标，145个城市空气质量超标。美国经济学家的研究显示，环境污染每制造1元钱的利润，却要花60元钱来治理，还要花 15 元钱去看病。[①] 随着生活水平的提高，人们越来越重视周围的生活环境，而近年来因环境问题引发的社会事件也开始增多，成为影响社会稳定的突出因素。

（2）环境污染与我国能源消费结构紧密相关。在过去工业推动的城镇化模式下，城市里有根大“烟囱”老百姓都会感到无比自豪。但是在今天，越来越多的城市为了改善生态环境，开始炸掉城市中的大“烟囱”。当前，我国已经成为世界第二大经济体。但同时我们也应该看到，过去 30 多年经济的高速增长，与“高能耗、高碳排、高污染”的发展模式是分不开的。在我国能源消费结构中，煤炭比例高达 64%（见表 4.8）。另外，我国对石油的依赖程度也逐步增大，有专家预计，到 2020 年我国石油对外依存度可能达到 65%～70%。[②] 如果这样，我国经济将难以摆脱对传统化石能源的依赖，而且有可能错失调结构的机遇期，进一步加剧资源环境恶化。

表 4.8　1978—2017 年中国能源生产与消费结构

年份	能源生产总量（万吨标准煤）	能源生产结构（%）				能源消费总量（万吨标准煤）	能源消费结构（%）			
		原煤	原油	天然气	水、核、风电		煤炭	石油	天然气	水、核、风电
1978	62770	70.3	23.7	2.9	3.1	57144	70.7	22.7	3.2	3.4
1980	63735	69.4	23.8	3.0	3.8	60275	72.2	20.7	3.1	4.0
1985	85546	72.8	20.9	2.0	4.3	76682	75.8	17.1	2.2	4.9
1990	103922	74.2	19.0	2.0	4.8	98703	76.2	16.6	2.1	5.1
1995	129034	75.3	16.6	1.9	6.2	131176	74.6	17.5	1.8	6.1
2000	138570	72.9	16.8	2.6	7.7	146964	68.5	22.0	2.2	7.3

① 梁嘉琳．环境污染损失超过 2 万亿 治污是赔钱还是赚钱？［N］．经济参考报，2012-03-13：（A05）．

② 汪孝宗．“石油峰值”之辩［J］．中国经济周刊，2010（4）：34-36.

续表

年份	能源生产总量（万吨标准煤）	能源生产结构（%）				能源消费总量（万吨标准煤）	能源消费结构（%）			
		原煤	原油	天然气	水、核、风电		煤炭	石油	天然气	水、核、风电
2001	147425	72.6	15.9	2.7	8.8	155547	68.0	21.2	2.4	8.4
2002	156277	73.1	15.3	2.8	8.8	169577	68.5	21.0	2.3	8.2
2003	178299	75.7	13.6	2.6	8.1	197083	70.2	20.1	2.3	7.4
2004	206108	76.7	12.2	2.7	8.4	230281	70.2	19.9	2.3	7.6
2005	229037	77.4	11.3	2.9	8.4	261369	72.4	17.8	2.4	7.4
2006	244763	77.5	10.8	3.2	8.5	286467	72.4	17.5	2.7	7.4
2007	264173	77.8	10.1	3.5	8.6	311442	72.5	17.0	3.0	7.5
2008	277419	76.8	9.8	3.9	9.5	320611	71.5	16.7	3.4	8.4
2009	286092	76.8	9.4	4.0	9.8	336126	71.6	16.4	3.5	8.5
2010	312125	76.2	9.3	4.1	10.4	360648	69.2	17.4	4.0	9.4
2011	340178	77.8	8.5	4.1	9.6	387043	70.2	16.8	4.6	8.4
2012	351041	76.2	8.5	4.1	11.2	402138	68.5	17.0	4.8	9.7
2013	358784	75.4	8.4	4.4	11.8	416913	67.4	17.1	5.3	10.2
2014	361866	73.6	8.4	4.7	13.3	425806	65.6	17.4	5.7	11.3
2015	361476	72.2	8.5	4.8	14.5	429905	63.7	18.3	5.9	12.1
2016	346037	69.8	8.2	5.2	16.8	435819	62.0	18.5	6.2	13.3
2017	359000	69.6	7.6	5.4	17.4	449000	60.4	18.8	7.0	13.8

数据来源：《中国统计年鉴 2018》

2. 水资源严重短缺

从我国水资源的结构来看，农业用水占比达 61%，工业用水占比为 24%，城市居民生活用水尽管只占 13%，但对我国城镇化的可持续发展至关重要。在我国 30 多年的城镇化过程中，随着城镇人口大幅增加，城镇用水越来越紧张。有数据显示，近 10 年来，我国城镇化提高了 10 个百分点，用水人口增长了 49.6%，而城市用水总量仅增长 12%。目前，我国人均水资源量仅为世界人均水平的 1/4，且水资源分布不均。尽管我国实施了南水北调工程，但至今全国 657 个城市中仍有 300 多个属于联合国人居环境署评价标准中的“严重缺水”和“缺水”城市。[①]

3. 人均耕地资源严重不足

保护耕地是确保我国粮食安全的重要举措，也是推动城镇化的重要基础，在城镇化过程中要实施最严格的耕地保护制度。这些年来，随着城镇建成区的面积不断扩大，城镇周边的耕地被大量征用。尽管国家实施了耕地占补平衡政策，但改革开放以来，全国耕地净减少了 2 亿多亩。目前，我国耕地面积为 18.26 亿亩，仅占国土面积的 13%；人均耕地只有 1.43 亩，仅为世界平均水平的 40%。另外，由于这些年我国工业化飞速发展，耕地污染问题比较突出。环保部门的数据显示，目前，全国耕地面积的 10%以上受到不同程度的重金属污染。其中，矿区污染耕地 3000 万亩，石油污染耕地约 7500 万亩，固体废弃物堆放污染约 75 万亩，“工业三废”污染近 1.5 亿亩，污灌农田近 5000 万亩。[②]

在新型城镇化的背景下，以经济总量为导向的中央地方关系难以为继，尤其是我国进入公共产品短缺时代，需要实现由经济总量导向向公共服务导向的转变。客观地看，以经济总量为导向的中央地方关系在推动我国快速工业化的同时，也造成我国城镇化长期滞后于工业化，城镇化长期服务于工业化，以至于忽视了人的全面发展。随着我国进入发展型新阶段，人的全面发展成为社会发展的主题，如果新型城镇化过程中继续忽视人的全面发展，不仅难以实现城镇化健康发展，还容易积累更多的矛盾与风险。

① 杜宇，何雨欣．全国 657 个城市有 300 多个“缺水”［N］．北京日报，2014-05-18：(03)．

② 江宜航，刘瑾．我国耕地质量现状堪忧［EB/OL］．中国经济新闻网，2014-09-26.

第五章　发达国家中央与地方关系的历史考察

了解和分析发达国家中央与地方关系的基本特征，对我国调整改革中央与地方关系具有重要的借鉴和启示作用。根据中央地方权责划分，发达国家中央与地方关系大致可分为：联邦分权模式，以美国和德国为典型；单一集权模式，以法国为代表；单一分权模式，以英国和日本为代表。这里重点考察美国、法国和日本的中央与地方关系。

第一节　美国的联邦分权模式

美国的政府层级分为联邦、州和地方政府三级，每一级政府都有相应的自主权，各有侧重。总的来看，美国中央与地方的联邦分权模式已经相当成熟。

一、美国中央与地方政府职责划分

从实践看，美国各级政府的权责都以宪法或法律规定为依据，联邦政府与州政府实行纵向分权体制，各自在法律规定的范围内独立履行职责。

1. 联邦政府的职责

美国联邦宪法采用列举法对联邦政府的相关职责做出了明确规定。联邦政府的主要职责有：国防、外交、联邦行政权、贷款和货币发行、统一全国度量衡、征税、社会保障、制定国内外贸易政策、管理全国邮政、统一版权与专利、对州和地方政府的补助，以及对能源、环境、农业、住宅、交通等项目的资助等。

2. 州政府的职责

州政府主要负责联邦政府职责之外、州政府所管辖区域的公共事务。主要包括：州内社会福利、教育、债务、行政管理、基础设施和交通等。联邦政府和州政府除了各自专有的职责外，还有一些共同的职责，主要有：设立法院、征税、设立银行和公司、贷款、举办社会福利、制定和实施法律、为公共目的而征用财产等。

3. 地方政府的职责

美国地方政府是指州以下的政府，包括郡、市、乡镇和特殊自治区域。地方政府根据州宪法和相关法律规定履行公共职责。主要包括：地方治安、消防、交通管理、行政管理、公用事业、地方教育和基础设施建设与管理等。

二、美国中央与地方政府财权划分

与三级政府管理体制相对应，美国形成了联邦政府、州政府和地方政府三级财政管理体制，联邦政府和州政府都有财政自主权，实行彻底的分税制。联邦与州分别立法，地方税收由州决定，各自分开征管。

1. 明确划分各级政府的征税范围

作为联邦制国家，美国各个州都有自己的法律，在征税的规定上存在较大差异，但各个州不能违反联邦宪法对州政府权限的规定。从实际情况看，美国各级政府征税范围各有不同，但存在一定的交叉。具体而言，联邦政府负责征缴个人所得税和企业所得税、关税、国内消费税、社会保险税、遗产税与赠予税等五种税收，重点是个人所得税和社会保险税，这五种税以直接税为主。例如，2005 年，个人所得税、社会保障税收入占联邦政府税收收入的比重分别为 41.8%、38.1%。[①] 由于各州拥有财政自主权，州政府一般以销售税为主，约占 60%左右，还包括所得税、遗产和继承税、财产税、机动车牌照税、州级消费税等。地方政府以财产税为主，约占 80%左右，还包括营业税、许可证税等，以及一些非税收入。在全部税收收入中，联邦政府税收收入占 60%~70%。据统计，2011 年，美国州和地方政府税收收入占全国税收总收入的比重达到 36.3%。[②]

2. 各级政府财政支出责任明确

从美国的情况看，不同层级政府的财权与事权相匹配，各级政府的支出责任明确。第一，联邦政府主要负责全国性公共服务和公共产品的支出，包括国防、外交、社会保险和福利、医疗保健、老兵补贴、教育、基础研究、就业、交通基础设施、环境保护、支付公债利息、资助小企业、补贴农业、救灾以及联邦政府行政费等。第二，州政府主要负责教育、医疗卫生事业、公共福利、公共建设

① 李方旺. 美国税制和税收征管的特点及启示 [J]. 税务研究，2007 (8)：77-78.

② 张友斗，苗杨，张帆. 美国税制结构特点分析及对我国的启示 [J]. 国际税收，2013 (5)：39.

等支出。第三，地方政府主要负责公共治安、消防、地方教育、家庭和社区服务等支出。总的来看，美国财政支出公共性的特征突出。例如，美国联邦财政中，各类保障支出占总支出的比重一般保持在46%~52%，州和地方政府财政支出用于教育的支出占总支出的34%以上。①

3. 建立中央对地方的财政补助制度

为了弥补州和地方政府财政不足，美国联邦政府向州和地方政府提供财政补助。数据显示，1950—1981 年，联邦政府对州和地方政府提供的补助总额由 23 亿美元提升至 948 亿美元，30 年间增长了约 40 倍；联邦政府补助支出占总支出的比重由 1950 年的 5.3%提升至 1978 年的 17.3%。② 客观地看，联邦政府补助已经成为州和地方政府重要的收入来源，联邦政府的补助收入大概占到州和地方政府财政总收入的 20%左右。从补助结构来看，战后初期主要集中在收入保险、运输、农业和教育领域；到 80 年代初，重点是卫生、地区发展、自然资源和环境保护等领域。

三、美国中央与地方关系的基本特征

从美国的实践看，联邦政府、州政府、地方政府之间没有行政隶属关系，各级政府在宪法或法律授权的职责范围内运行，由于州政府和地方政府拥有独立的财权，因此在处理地方事务中享有高度自治权。

① 王喜梅，张桥云．美国社会管理对中国的启示——以住房保障为例［J］．当代世界与社会主义，2013（1）：24.

② 魏礼群．市场经济中的中央与地方经济关系［M］．北京：中国经济出版社，1994：327-332.

1. 以宪法明确界定各级政府职责

美国各级政府的职责划分依据宪法而不是政府的政策或文件，被看作是法治性分权的典范。美国联邦政府和州政府的权力都由宪法予以明确，宪法中没有列举的权力归各州和地方政府。联邦政府的事权划分为专有权、禁止权和共有权三类，专有权为宪法规定由联邦政府独自行使的权力；共有权是各州及地方政府在联邦政府未行使该权力之前可以行使的事权；禁止权是三级政府共通的（见表 5.1）。[①]

表 5.1　美国各级政府权责划分及其宪法依据

权责划分	联邦政府	州政府	地方政府	宪法上的依据
专有权力	1. 保持海陆军；2. 战争的决定权；3. 制定海陆军、民兵等武装力量的条件、办法和实行训练演练；4. 发行国债、以合众国信誉借贷款项；5. 批准新州加入联邦；6. 管理外交事务和缔结条约；7. 铸造货币、统一度量衡；8. 设立邮局、开辟邮路；9. 发展科学文化事业；10. 制定和调整货币政策，规范货币供应，稳定利率和汇率；11. 促进就业，调节收入差距；12. 保障市场有效供给，保持价格稳定，平衡贸易逆差；13. 发展社会公共服务事业，完善社会保障系统；14. 制定对各州的基本拨款和专项拨款计划。	1. 道路建设；2. 基础教育；3. 公共福利项目；4. 医疗和保健；5. 收入保险（对劳动能力缺陷或丧失者提供最低收入保障）；6. 公用事业：警察、消防、车站机场、居民生活供应设施（水电气）等；7. 州政府债务的还本付息。	1. 管理土地；2. 公共安全；3. 公共设施的建设和维修；4. 家庭和社区服务；5. 健康服务；6. 基础教育。	宪法第 1-4 条；宪法修正案第 2、10、16 条。

① 刘丽，张彬．美国政府间事权、税权的划分及法律平衡机制［J］．湘潭大学学报（哲学社会科学版），2012（6）：54.

续表

权责划分	联邦政府	州政府	地方政府	宪法上的依据
禁止事项或之外事项	1. 禁止发展奴隶制；2. 禁止授予贵族勋功爵位；3. 不得随意更改州界；4. 不得实行州内最优惠待遇；5. 不得对各州实行差别待遇和歧视待遇；6. 不得随意废止法律；7. 禁止随意剥夺公民联邦或州的权利；8. 禁止随意侵犯公民的固有权利；9. 不得对从任何州输出的商品征税。	1. 禁止实行种族歧视和居民差别待遇；2. 禁止铸造货币；3. 不得对进口和出口货物征税；4. 在和平时期不得保持军队和兵舰。	1. 不负责老百姓的就业；2. 不负责老百姓的吃饭；3. 不负责提供公共交通工具；4. 不进行也不管理工商企业的经营活动；5. 不过问媒体；6. 不负责通讯业；7. 不提供医疗服务；8. 不处理老百姓的家庭纠纷。	宪法第1条第9、10款；宪法修正案第1、13、14、15、18、19、21条。
交叉事项	1. 基础教育；2. 公共卫生；3. 基础设施；4. 征收税收；5. 为公共事业而进行的财产征用。			宪法第1条7、8、9、10款；宪法修正案第10条。

资料来源：刘丽，张彬．美国政府间事权、税权的划分及法律平衡机制［J］．湘潭大学学报（哲学社会科学版），2012（6）：53-54.

2. 地方政府拥有较大的自治权

美国的地方政府是指联邦政府和州政府以外的其他政府。在美国，既有联邦宪法，各个州也有自己的宪法。由于各个州都拥有立法权，各个州都有地方自治条例，以保证州以下的各个地方政府在处理地方事务时享有高度自治权。地方政府与联邦政府、州政府没有隶属关系，由于各级政府的财权划分合理，财力与事权相匹配，各自都拥有独立运行的行政执行系统。

3. 建立中央与地方争端化解机制

当联邦政府与州政府、地方政府出现争端时，美国有一整套法治化解争端的措施。具体来看：

第一，联邦最高法院对州政府是否违反联邦宪法具有审查权，联邦最高法院审查的违宪案件中，很多涉及到州或地方政府与联邦权限争议案件。例如，2009 年，美国总统奥巴马推出的医改法案遭到各州政府的反对，相继有 26 个州发出对联邦政府的“违宪诉讼”。2012 年 3 月 26 日至 28 日，联邦最高法院连续三天开庭审理该诉讼，最终最高法院表决通过了该法案，这成为美国历史上州政府对联邦权威最大的一次挑战。

第二，根据美国各州宪法，如果州法与地方自治条例对全州性问题发生冲突，州法优先。当州与地方发生争议时，应由州最高法院来裁决。

第三，州际协定成为美国协调各州之间争端的主要法律依据。州际协定产生于殖民地时期，后来广泛运用于解决州际资源的分配和城市规划的协调。目前，州际协定已经成为州际合作和协调联邦政府与州政府、地方政府之间权力关系最为重要的手段。

第二节　法国的单一集权模式

法国是一个传统的中央集权国家，在分权改革之前，法国实行的是中央、省、市镇三级政府管理体制，中央政府高度集权。1982年，法国开始实施地方分权改革，赋予地方政府更大的自主权。

一、法国中央与地方的权责划分

1981 年，密特朗总统上台后，法国开始实施地方分权改革，从而扩大了地方政府自治权限，充分调动了地方政府的积极性。

1. 通过分权改革扩大地方自主权

1982 年 3 月，法国议会表决通过《权力下放法案》，在中央集权的体制下，开始向地方政府放权。主要内容包括：第一，赋予地方以充分的自治权。规定“市镇、省和大区由选举产生的议会自行管理”，并且地方各级政府之间没有直接的行政隶属关系；第二，逐步向地方下放权限。中央政府逐步将一些原属于中央的职责权限下放给地方各级政府；第三，调整行政区划。将大区作为一级地方政府组织，从此，法国由过去中央、省、市镇三级政府管理体制过渡到中央、大区、省和市镇四级管理体制。

2. 中央政府的权责大幅减少

1982 年分权改革以来，中央政府逐步向地方下放了经济发展与计划、城市规划、土地整治、住房、交通运输、教育、文化、职业培训、环保、司法、警察等权限，大幅减少了中央政府管理权限。目前，法国中央政府的主要职责包括国家安全、外交、司法、大学教育、就业、公共卫生、区域平衡发展，以及应对危机等。

3. 明确地方各级政府的职责

通过分权改革，明确了地方各级政府的权责范围：第一，大区的主要职责是执行国家的中长期计划，制订本地区发展的五年计划；分配和使用国家调拨的财政经费；协助国家推进领土整治；编制年度职业培训计划等。第二，省级政府的主要职责是决定省的财政预算，负责地方税收，管理省内的公路、港口和运输，制订城镇规划，讨论和分配中央调拨的费用，负责中学教育设施，管理各种社会救济机构，管理医疗和社会保险费用等。第三，市镇政府的主要职责是负责组织和建立市镇行政机构和其他公共机构，负责市镇财政预算，管理市镇公共财产、市镇医院、公共工程，建设和维修公共建筑，征收不动产，接受遗产，解决市镇公共服务问题等。

表 5.2 法国不同层级政府的主要职责

职责	中央	大区	省	市镇
社会服务	负责社会保障，保护少数民族、老人、妇女、残疾人、移民，救助孤儿		负责社会福利、医疗救助，对家庭、儿童、残疾人、老年人提供救助	通过社会福利部门建立福利案例卷宗，按协议行使省赋予的职责
卫生	举办公立医院，解决公众健康、心理疾病、毒品、酗酒等问题		负责儿童和家庭健康，接种疫苗，同癌症、结核、性病、麻疯病作斗争	组织本市卫生消毒工作并提供经费
住房	鼓励房屋建筑节能、革新、资源节约	确定住房保障的优先对象，补充实施国家住房救助	在协助住房分配方面提供建议，建立省住房委员会	采取行动支持当地穷人的住房计划
教育	负责中小学课程、教学法、教师工资和任命等，管理高等教育	高中的选址、经费、建设、设备和维修，可以调整学校课外活动时间，组织和资助美术、舞蹈、音乐和戏剧的教学	初中的选址、经费、建设、设备和维修，可以调整学校课外活动时间，组织和资助美术、舞蹈、音乐和戏剧的教学	小学和学前教育的选址、经费、建设、设备和维修，可以调整学校课外活动时间，组织和资助美术、舞蹈、音乐和戏剧的教学
文化	负责博物馆、档案馆、图书馆的科技管理	创办和资助大区博物馆，维护大区档案馆	创办和资助省博物馆，管理图书的集中外借，维护省档案馆	创办和资助市图书馆和博物馆，维护市档案馆和图书馆
计划	制定国家计划	参与制定和执行国家计划、大区计划，批准土地使用计划，管理旅游	对大区计划提出建议，支持对农村的投资	制订和批准跨市镇的合作章程

续表

职责	中央	大区	省	市镇
城市管理		审批土地使用计划和跨市镇计划	对城市建设控制地带、投资项目选址提出建议	制订和批准跨市镇合作章程
经济援助	促进创新，反通货膨胀，反失业等	促进当地企业扩张、革新和创造就业机会，对营利型企业提供直接帮助和各种形式的间接帮助	完成大区直接或间接援助（如贷款、减免税收、土地或建筑物出售等），帮助困难企业	执行大区直接或间接援助（如贷款、减免税收、土地或建筑物出售等），帮助困难企业
港口水道		建设运河和河流港口，帮助渔业企业	管理海事港口、商业港口和渔港，帮助保存海上文化	负责港口游乐业和港口警察管理
交通	维修国道	制定大区交通计划，建设飞机场，与铁路部门签协议	对大区交通计划提出建议，制订省交通计划，审批城市以外地区交通服务计划，维修省道，建立学校交通服务体制并提供资金	对大区和省交通计划提出建议，建设和维修市镇和农村道路，完成与省协议确定的学校交通服务

资料来源：黄凯斌．法国中央与地方政府行政职责划分情况及其启示[J]．江汉论坛，2007(9)：26.

二、中央与地方财权划分清晰

与行政体制相适应，法国地方各级财政之间也不存在隶属关系，但中央拥有税收的绝对支配权，在这个体制下，明确划分各级政府的税权。

1. 中央拥有税收立法权

法国现行《宪法》第 34 条明确规定：“各种赋税课税基准、税率及征收方式都由法律确定，法律由国会议决制订。”在法国，中央政府统一制订全国税收的征管办法及用途，全国税收统一由中央税务机构征收，再按照法律规定的各级政府的税种进行分配。地方政府在议会规定的范围内享有一定的自主权，但当中央政府发现地方预算违法或不符合国家法律规定时，可以通过行政法庭裁决予以撤销。

2. 中央与地方税源划分清晰，无共享税

与美国三级政府在主要税种上划分中央与地方共享税不同，法国实行更为彻底的分税制，中央与地方税源明确划分，不存在共享税。具体而言，中央税包括个人所得税、公司所得税、消费税、增值税、交易税、印花税、遗产税和关税等。地方税种划分为直接税和间接税，大区、省和市镇主要的直接税相同，分别为职业税、居住税、建筑土地税、非建筑土地税；除上述四大税种外，大区与省还包括中央转移给大区的不动产买卖移转税、驾照税、登记税、牌照税，以及中央转交给省的登记税、牌照税和不动产广告税。

表 5.3 法国中央与地方税权划分

税权划分	中央政府	地方政府
税收立法权	法国议会掌握国家税收立法权，中央对国家各级税种的征收管理做出统一规定，国家财政部门据此再做出具体实施细则和方案	在议会规定的一定范围内享有本地区部分税收税率的决定权、征管权及税收减免权
税收执法权	无论是税收征管还是人员调度亦或是税收收入分配及使用都由中央税务机关自行负责，不受外来干涉	地方没有专设税收管理部门，所有税收的征收管理都由中央税务机关统一实施，然后按税种分配给地方
税收收入权	个人所得税、公司所得税、增值税、消费税、印花税、交易税、遗产税和关税等	房地产税、专利税、财产转移税、娱乐税、电力税等

资料来源：周俊鹏．中央与地方税权划分的国际比较与借鉴［J］．兰州学刊，2007（9）：99.

3. 明确各级政府的支出责任

与各级政府的公共职责相适应，法国各级政府的支出责任也相当明确。中央财政支出主要包括国防、外交、中央级行政事业经费、重点建设投资（铁路、航运、国有企业投资）、国债还本付息、社会安全、对地方补助等费用。地方财政支出主要包括行政管理费、警察、司法、文教卫生事业费、社会福利事业费、旅游、公共事业费、住宅建设和交通事业费、地方债务还本付息等。总的来看，大区财政主要负责国家安全、经济发展和高等教育等支出；省级财政主要负责社会保险、初中级教育，以及农业和规模耕作等支出；市镇财政主要负责居民日常生活，即城市建设、水电气、小学教育、文体设施、老年人安置等支出。

4. 建立中央对地方政府的转移支付制度

与高度集权的行政管理体制相适应，法国实行高度中央集权的财税管理体制，中央预算所占比重也相应较大。中央财政除满足中央政府行使职能的需要外，大部分通过转移支付拨付给地方政府。有数据显示，法国每年中央对地方政府的转移支付总额约占地方财政收入的25%左右。法国中央对地方政府的转移支付主要有四种方式：一是一般性转移支付。中央政府不对使用方向作具体规定，只拨给省和市镇政府，两级政府可以自主使用；二是专项转移支付。中央财政对地方政府兴修学校、公路、铁路等公用设施等给予补助；三是税收返还。将投资项目的增值税全部返还给大区，支持地区和产业发展；四是下划事权补助。中央对向地方政府转移的一部分事权给予相应的资金补助。

三、法国中央与地方关系的基本特征

1982年以来的分权改革扩大了地方自主权，但由于法国是在高度中央集权体制下向地方政府放权，地方政府的自主权限仍然有限。

1. 中央对地方的控制仍然较强

法国有着悠久的中央集权传统，在分权改革之前，中央政府对地方的控制侧重于行政手段。1982年的分权改革后，这种行政控制逐步转变为事后的合法性监督。法国《宪法》第72条规定：“地方组织，由民选议会依据法律规定实施自治。在各省及各海外领地内，政府所派代表负责维护国家利益、行政监督与法律之遵守。”这为中央加强对地方政府的监督提供了合法性。地方议会通过的决议要接受国家的立法审查，包括对地方财政预算的审查，国家代表在规定的期限内对其合法性未提出异议，决议才能正式实施。

2. 各级政府事权与财力相匹配

无论是从理论还是实践来看，赋予一级政府事权，必然要有相应的财权与之相匹配，才能保障政府的有效运行。法国分权改革的一个重要特征是中央政府在向地方政府转移权力的过程中伴随相应财权的转移，做到财力与事权相匹配，从而有效保障了地方各级政府的正常运行。以教育为例，小学由市镇负责管理，中学由省负责管理，大学由中央负责管理，学校设施建设由各级财政负责投入，但各学校的教师工资均由中央财政负责统一支付。当地方财力短缺时，中央财政通过转移支付对地方政府进行补助，以缓解地方的财政压力。

3. 分权改革的成果以法律形式确立

法国地方分权改革取得成功的关键在于强有力的法律保障。1982 年 3 月，法国政府颁布《关于市镇、省和大区的权力和自由的法案》（即权力下放法案），对中央与地方各级政府的职责作了明确规定，奠定了法国现行中央与地方关系的基本框架。1988 年 1 月，法国政府出台《改善地方分权法》，进一步完善了中央与地方政府的权责划分。1992 年，法国政府出台《关于共和国地方行政管理法》，进一步给地方政府下放权力。2003 年 3 月，法国政府出台《关于共和国地方分权化组织法》，对 1958 年宪法进行了修改，将 30 多年来法国分权改革取得的主要成果纳入宪法，确认法国为地方分权的单一制国家。有数据显示，1982 年以来，法国政府先后出台 80 余部法律、800 多个法令来确定、修改、完善中央与地方政府之间的职责划分，有效避免了地方分权改革的随意性。

表 5.4　法国中央政府与地方政府事权划分及法律依据

	事权划分	法律依据
中央政府	掌管内政、外交、军事、经济、文化等各个方面，主要负责宏观管理与战略发展计划	《法兰西共和国宪法》第 20 条、21 条；1982 年 3 月 2 日《权力下放法案》；1983 年 7 月 22 日《交通、公共教育、社会服务和保健权转移法》；1992 年 6 月 2 日《地方行政指导法》
大区	职责主要包括：经济发展、一部分运输、基础设施、大区计划、部分中等教育、职业培训以及卫生健康事务	1983 年 1 月 7 日《市镇、省、大区和国家权限划分法》；1983 年 7 月 22 日《交通、公共教育、社会服务和保健权转移法》；1984 年 1 月 26 日《地方政府服务法》
省	职责主要包括：社会事务、中学教育、建设和维护道路	1982 年 3 月 2 日《权力下放法案》；1983 年 1 月 7 日《市镇、省、大区和国家权限划分法》；1983 年 7 月 22 日《交通、公共教育、社会服务和保健权转移法》；1984 年 1 月 26 日《地方政府服务法》
市镇	职责主要包括：当地计划方案、发放建筑许可证、建设和资助小学、废物处理以及一些福利事业	1982 年 12 月 31 日《巴黎、马赛和里昂的行政组织及市镇之间合作的公共机关法》；1983 年 1 月 7 日《市镇、省、大区和国家权限划分法》；1983 年 7 月 22 日《交通、公共教育、社会服务和保健权转移法》；1984 年 1 月 26 日《地方政府服务法》

资料来源：刘丽，张彬．法国政府间事权、税权的划分及法律平衡机制［J］．湘潭大学学报（哲学社会科学版），2013（6）：65-66.

第三节　日本的单一分权模式

日本作为单一制国家，分为中央、都道府县和市町村三级政府管理体制。日本的中央地方关系是根据战后美国哥伦比亚大学卡尔·肖普教授提出的三项原则（明确行政职责原则、优先市町村原则和效益原则）确立的，中央政府不直接干预地方事务，由此形成中央地方分权模式。

一、明确划分中央与地方事权

二战前，日本实行的是中央高度集权的行政体制。二战结束后，日本政府开始扩大地方自主权，并依法确立了各级政府的事权。

1. 明确中央政府的事权

日本《地方自治法》第2条明确规定，中央政府的事权有："司法、刑罚以及国家的惩戒，国家的运输、通信、邮政、国立教育及研究设施，国立医院及疗养设施，国家的航空、气象及水路设施，国立博物馆及图书馆。"[①] 《地方分权推进法》第4条进一步规定了中央政府的事权范围，包括："国际社会中事关国家存亡事务，有关国民所有活动或者地方自治基本准则的统一规定事务，须站在全国规模或者立场来制定和实施的改革与事业。"总的来看，日本中央政府的主要职责包括国防、外交、司法、货币发行、公共安全、邮政、通信、国立教育、物价等。

2. 明确规定地方各级政府的事权

在日本，都道府县与市町村在某些行政事务上存在领导与被领导关系，但二者没有直接的隶属关系，二者都属于地方政府。由于日本实行地方自治制度，凡直接与居民日常生活息息相关的事务都尽可能地由地方政府来处理，而只有当地方政府处理不了时才会由中央政府来处理。

日本《地方自治法》对都道府县和市町村的事权做了详细分工：

---

① 魏加宁，李桂林．日本政府间事权划分的考察报告［J］．经济社会体制比较，2007（2）：41.

“都道府县负责处理跨地区事务、与市町村相关的联络协调事务以及在规模和性质上超出一般市町村处理范围的事务；市町村负责处理都道府县政府管辖事务以外的其他事务。”总的来说，都道府县主要负责处理市町村行政辖区之外的涉及跨地区的事务，需要统一处理的事务，中央与市町村之间的联络，不适合市町村单独处理的大规模事务，以及对市町村行政工作的提议和指导。市町村主要负责处理与居民生活相关的基础性事务，居民安全、保健以及环境保护等事务，街区建设事务，以及各种设施的建设、管理事务。

3. 中央与地方共有事权

尽管日本对中央与地方事权做了明确规定，但仍有很多行政事务需要中央与地方政府共同承担，如社会福利、教育、卫生、劳动、工商、公路、河流、农林等事权需要中央与地方政府共同承担。对于中央与地方共担事权，日本政府的主要做法是将某项事权划分为许多细项，明确规定中央与地方政府的职责范围。以道路建设为例，某一级别的道路由相应级别的政府负责，即国道由中央政府负责修建与管理，县道由都道府县负责修建与管理，村道由市町村负责修建与管理。再例如社会福利，中央政府负责统一规划，并管理各种保险资金、职业年金，都道府县负责居民生活保障、残疾人保障等具体事务，市町村负责卫生保险、公益当铺和国民养老金的征收。①

二、各级政府财权划分明确

日本税制由中央税、都道府县地方税和市町村地方税构成，税

① 王朝才. 日本中央和地方财政分配关系及其借鉴意义［J］. 广东商学院学报，2005（5）：26.

种主要分为所得税、财产税和消费营业税三类。

1. 实行有利于中央的分税制

日本各级政府的税源划分以事权为基础，各级政府所需经费原则上由本级财政承担。为了确保中央政府的财力，日本政府将便于全国统一征收的大宗税源划归中央政府，征收不便的小宗税源划归地方政府。在税收划分上以中央税为主，中央税约占全国税收收入的60%，地方两级政府税收之和约占40%。中央税的主体税包括个人所得税、公司税和消费税三种，三者占比超过中央政府税收总收入的70%。都道府县以本地居民税、事业税和地方消费税为主体税种，占本地税收总额的70%左右；市町村以居民税和固定资产税为主体税种，约占本地税收总额的80%以上，财产税是市町村重要的税源之一。此外，日本建立了国税和地税两套税务机构，分开征收中央税和地方税。

表5.5　日本现行税收体系

	课税形态	类别	税收分类	税目
国税		普通税	所得税	个人所得税、法人税
			财产税	遗产税、赠与税
			消费税	消费税、消费让与税、酒税、砂糖消费税、物品税、彩票类税、通行税、入场税、燃油税、石油煤气税、飞机燃料税、石油税、关税、专卖收益
			流通税	有价证券交易税、注册牌照税、印花税、交易所得税、汽车重量税、日本银行券发行税、吨位税、特别吨位税（地方让与税）
		目的税		地方道路税（地方让与税）、电力开发促进税

续表

	课税形态		类别	税收分类	税目
地方税	都道府县税	直接课税形态（道府县直接课征部分）	普通税	所得税	都道府县民税、事业税、法定外普通税
				财产税	固定资产税（特例部分）、汽车税、矿区税、狩猎牌照税
				消费税	地方消费税、道府县卷烟消费税、娱乐设施利用税、餐饮消费税、法定外普通税
				流通税	不动产取得税、法定外普通税
			目的税		土地水利收益税、汽车取得税、汽油交易税、狩猎入场税
		间接课税形态（中央课征后转移道府县部分）	交付税		所得税、法人税、酒税和消费税的一部分
			让与税		地方道路税的64%、消费让与税
	市町村税	直接课税形态（市町村直接课征部分）	普通税	所得税	市町村民税、法定外普通税
				财产税	固定资产税、轻型汽车税、矿产税、特别土地所有税
				消费税	市町村卷烟消费税、电税、煤气税、法定外普通税
				流通税	木材交易税、法定外普通税
			目的税		土地水利收益税、公共设施税、国民健康保险税、城市规划税、浴池税、宅基地开发税、事业所税
		间接课税形态（中央课征后转移市町村部分）	交付税		所得税、法人税、酒税和消费税的一部分
			让与税		地方道路税的36%、特别吨位税、消费让与税

资料来源：王朝才．日本中央和地方财政分配关系及其借鉴意义［J］．广东商学院学报，2005（5）：28.

2. 明确各级政府的支出责任

从日本的情况看，中央与地方政府财政支出重点与事权相适应。

中央财政支出范围包括社会保障关系费、防卫关系费、对外关系费、国家机关费、地方财政费、国土保全及开发费、国债费、产业经济费、教育文化费、抚恤费和预备费。其中，重点是社会保障费、国债费和地方财政费，这三项支出占比达50%以上。地方财政支出范围主要包括议会费、总务费、民生费、教育费、劳动费、卫生费、工商费、土木费、农林水产费、警察费、消防费等。其中，都道府县重点支出教育、农林水利事业和基础设施建设，侧重支持地方经济发展；市町村重点支出义务教育、社会福利和基础设施建设，侧重保障居民生活。

3. 建立中央对地方的财政转移支付制度

与美国、法国相类似，日本政府也建立起中央对地方的财政转移支付制度。主要有两种形式：一是中央不指定地方用途的一般性转移支付制度，并建立起地方交付税制度，先由中央征收，然后按照一定标准分配给地方政府使用；二是专项转移支付制度，建立了国库支出金制度，中央限定地方用途，地方专款专用，其主要用途包括确定各地区重要行政服务的全国平均水平、支持地方政府较大规模的项目建设、为地方提供救灾款，以及支付地方政府代理中央办理事务的费用等。转移支付制度的建立，有利于缩小各地的财政收入差距，实现地方政府财政能力的均等化，从而促进区域均衡发展。

三、日本中央与地方关系的基本特征

由于受传统体制的影响，日本长时间内仍保留着浓厚的中央集权色彩，中央对地方的控制比较强。经过半个多世纪的改革，中央地方分权模式推动日本地方自治进入法治化的新阶段，并形成了一些突出特征。

1. 实行地方自治制度，持续向地方放权

二战后，日本就开始实行地方自治制度。日本《宪法》第92条明确规定："关于地方公共团体的组织及运营事项，根据地方自治的宗旨由法律规定之。"但由于受传统体制的影响，战后的40多年，中央对地方的控制仍然很强，主要表现在：第一，通过机关委任事项制度对地方政府进行控制，使得地方政府行政首长实际上是在中央政府的监督下，以中央政府代理人的身份履行职能；第二，中央政府通过人事安排对地方政府进行控制，中央政府将官员派往地方政府任职。1989年，日本政府开始改革中央集权体制，向地方放权；1993年6月，日本参众两院通过《关于推进地方分权改革的决议》；1994年1月，日本内阁设立行政改革推进本部，下设地方分权部会，提出废止机关委任事务制度的建议；1994年12月，日本村山内阁通过《关于推动地方分权的大纲方针》，确立了地方分权改革的大方向；1999年7月，日本国会通过《地方分权一览法》，随后，机关委任事务制度和地方事务官制度被废止，日本结束了高度中央集权的体制。

2. 财力与事权相匹配

从实践看，日本各级政府的财权与事权基本上相适应。尽管中央政府掌管税收立法权，但地方政府在规定范围内享有一定的自主权。以地方税为例，地方税分为法定地方税和法外地方税，其中法定地方税占地方税收的比重达95%以上。当地方政府出现收不抵支时，可以开征法定外普通税，以弥补地方政府资金缺口。但开征法定外普通税需要得到地方议会通过并经自治大臣批准。此外，日本还建立了财政转移支付制度，以平衡地区间财力差距，从而保障基本公共服务的有效供给和重大工程顺利进行。

3. 建立健全中央地方关系的法治保障

日本宪法明确规定了日本实行地方自治制度。1947 年 4 月 17 日，日本政府公布《地方自治法》，决定从 1947 年 5 月 3 日宪法实行日起实施地方自治，该法明确规定了地方自治机构的设置、自治原则与权限、地方财政等内容。此外，日本政府还出台了《地方选举法》《地方财政法》《地方税法》《地方交纳税法》《地方公务员法》《地方公营企业法》等法律，进一步明确了地方自治的相关权责。1995 年 7 月，日本政府颁布实施《地方分权推进法》，这成为后来日本地方自治制度进行重大改革与修改的法律依据。2000 年 4 月，日本政府开始实施《地方分权一览法》，进一步明确中央与地方公共团体的职责分工，大幅提升了地方政府自治水平，推进日本地方自治进入一个新阶段。

从以上美、法、日三种模式的对比研究看，无论哪一种模式，都有一些共同的特征，这对我国改革中央地方关系具有重要的参考价值。

第一，合理划分各级政府的事权。事权划分是处理好中央与地方关系的首要基础，合理的事权划分能理顺中央与地方关系，充分调动中央与地方两个积极性。从这三个国家的经验看，以公共服务为中心划分各级政府的事权是一条基本准则，且均明确规定基本公共服务的供给责任主要在基层政府。

第二，赋予各级政府相应的财力。从实践看，这三个国家都是实行分税制，但每个国家各有特点。其中一个共同点，就是每一级政府尤其是地方政府和基层政府的财力与事权相匹配。针对地方财力不足的情况，各国中央政府均建立起财政转移支付制度，主要分为一般性转移支付和专项转移支付。

第三，公共资源配置均等化。财政能力的均等化决定了公共资源配置的均等化。从这三个国家的经验看，地方政府之间没有行政隶属关系，避免了上一级政府通过行政手段调配公共资源，有助于大中小城镇公共资源均等化配置，从而推动了中小城镇健康发展。

第四，调整行政区划。从这三个国家的政府层级看，法国实行的是四级政府管理体制，美国和日本都是三级政府管理体制，而且各级政府之间没有行政上的隶属关系，从而有效避免了上一级政府对本级政府的行政干预，提高了政府行政效能。

第五，中央与地方关系法治化。从这三个国家的经验看，这些国家在推进地方分权改革的过程中，无一例外地将法律作为重要的制度保障。例如，美国《宪法》就明确规定联邦政府、州和地方政府的职责；法国根据《权力下放法案》等依法推进中央向地方放权；日本《宪法》一开始就规定日本实行地方自治制度。

第六章　实现中央地方关系由经济总量导向转向公共服务导向

经济总量导向的中央地方关系在我国经济起飞的特定历史阶段发挥了重要作用，尤其是在规模城镇化的快速推进中发挥了积极作用。但随着我国由生存型阶段进入发展型新阶段，全社会需求结构发生显著变化，继续推行总量导向不仅不利于推进新型城镇化，而且还可能会为中长期可持续发展积累更大的风险。为此，需要尽快推动地方政府向公共服务主体的回归。这既是实现经济转型升级的基本条件，也是推进新型城镇化的客观要求。

第一节　我国进入公共产品短缺时代

改革开放之初，我国处于生存型阶段，私人产品短缺是突出矛盾。40 年的改革开放，不仅推动了城镇化的快速发展，而且大大释放了社会生产力，推动我国进入发展型新阶段，公共产品短缺取代私人产品短缺成为经济社会发展的突出矛盾。

一、从私人产品短缺到公共产品短缺

改革开放40年以来，我国经历了从私人产品短缺到公共产品短缺的过程。40年前，广大社会成员的物质需求全面匮乏，难以得到有效满足；但是今天已进入发展型新阶段，公共产品短缺成为突出矛盾。

1. 私人产品与公共产品的基本特征

私人产品与公共产品都是重要的经济学概念，尽管在学术界有不同的界定，但总的来看可以归纳为：私人产品与公共产品都是人类社会发展所必需的产品形式。私人产品是指具有消费上的竞争性和受益上的排他性，可以通过市场调节实现有效供给的社会产品；而公共产品是指在消费或使用过程中具有非竞争性或非排他性特征的社会产品，需要政府参与（尽管可以在一些环节引入市场竞争，但不能主要依靠市场竞争）才能实现有效供给。

专栏6.1　不同学者对公共产品概念的界定

现代公共产品理论始于萨缪尔森（Samuelson，1954，1955，1958），他给出了公共产品的经典定义："任何一个个人的消费都不会减少其他个人对这类物品的消费"。马斯格雷夫（Musgrave，1959，1969）将价格排他性原则的非适用性引入公共品的定义，并贴切地把公共产品的特征总结为后来被广为接受的公共产品的两个本质特征：消费上的非竞争性和非排他性。

按照在这两个特征上的不同表现，所有产品可大体上分作三类：纯公共产品、准公共产品和私人产品。如果在消费上具有严格的非竞争性和非排他性，这样的产品是纯公共产品；如果在消费上只具备部分的非竞争性和非排他性，这样的产品是准公共产品（包括排他但非竞争的"俱乐部产品"、有竞争性但不能排他的"共用品"如公共渔场、公共草地等）；如果在消费上具有严格的竞争性和排他性，这样的产品是私人产品。

布坎南（James Buchanan）在《民主过程中的财政》（1976）中指出，“任何由集团或社会团体决定，为了任何原因，通过集体组织提供的物品或劳务，都被定义为公共的”。休·史卓顿（Hugh Stretton）和莱昂内尔·奥查德（Lionel Orchard）（2000）说：“我们将所有那些其供给不是由个人的市场需求而是由集体的政治选择决定的物品，即把任何由政府决定免费或以低费用供给其使用者的物品和服务，看作公共物品”。

资料来源：迟福林．民富优先——二次转型与改革走向［M］．北京：中国经济出版社，2011：15.

2. 生存型阶段与私人产品短缺

改革开放初期，我国人均 GDP 不足 400 美元，处于生存型阶段。联合国粮农组织判定生活水平发展阶段的标准为：恩格尔系数60%以上为贫困、50%～60%为温饱、40%～50%为小康、40%以下为富裕。1978 年，我国城乡居民恩格尔系数分别达到 57.5%和67.7%，平均水平超过 60%，城乡居民的大部分收入都用在食品消费上，处于贫困阶段。在这个阶段，以解决温饱为主要特征的物质需求是城乡居民的基本消费需求。

第一，从经济结构看，农业占国民经济的比重较高，现代服务业占比较低。在贫困阶段，经济发展对人力资本的要求不高，人们主要从事农业生产。统计显示，1980 年，我国农业占 GDP 的比重达到 30.2%，服务业占比仅为 21.6%；而同时，农业就业人口占比达68.7%，服务业就业人口占比仅为 13.1%。①

第二，从社会角度看，贫困发生率较高，社会分化不明显。有数据显示，1981 年我国绝对贫困人口达 8.35 亿人，占世界贫困人口总量的 43.1%。直到 2002 年，我国贫困人口发生率下降至 28.4%，

① 国家统计局．中国统计年鉴 2014［M］．北京：中国统计出版社，2014.

首次低于30.7%的世界平均水平。[1] 由于处在贫困阶段，社会成员之间的收入差距并不大。根据《中国统计年鉴2014》数据计算，1980年，我国城乡居民收入差距仅为2.5倍。

第三，从消费结构看，生存型阶段突出矛盾是私人产品短缺。城镇居民吃穿用支出占家庭生活支出的80%以上（见表6.1），农村居民维持基本生存的食品、衣着、燃料、住房和生活用品的支出，占到消费总支出的97%以上（见表6.2）。解决城乡居民的温饱问题，是发展的主要目标。满足人们基本生存需要的私人消费产品，在计划经济体制下，采取国家生产供给制度，导致利润激励削弱、企业预算约束软化、生产成本过高，社会生产力提高有限，造成私人产品严重短缺，包括“老四样”（自行车、手表、缝纫机、收音机）等日用消费品供给短缺。1978年，我国每百人平均拥有的任何一件“老四样”均不到10件（台）（见表6.3）。

表6.1　1981年和1982年城镇居民家庭生活支出构成（%）

	1981	1982
食品	56.66	58.65
穿着商品	14.79	14.37
日用品	9.56	9.22
文娱用品	5.67	4.61
书报杂志	0.95	0.89
药及医疗用品	0.60	0.61
燃料	1.94	1.86

数据来源：根据历年中国统计年鉴整理。

① 胡鞍钢．中国减贫成功的世界意义［N］．人民日报（海外版），2014-10-17：（01）．

表 6.2 1978—1982 年农村居民消费支出构成（%）

	1978	1979	1980	1981	1982
食品	67.71	63.96	61.76	59.66	60.48
衣着	12.70	13.12	12.32	12.35	11.25
燃料	7.14	6.20	5.96	5.55	5.61
住房	3.16	5.69	7.89	9.79	10.25
生活用品及其他	6.57	8.28	9.44	10.22	10.17
文化、生活服务支出	2.72	2.75	2.63	2.43	2.24

数据来源：国家统计局．中国统计年鉴 1983 [M]. 北京：中国统计出版社，1983.

表 6.3 1978 年和 1982 年主要耐用消费品平均每百人拥有量

品名	单位	1978			1982		
		全国	城镇	乡村	全国	城镇	乡村
缝纫机	架	3.5	8.6	2.4	6.6	14.8	4.7
手表	只	8.5	29.3	4.0	18.8	55.8	10.2
自行车	辆	7.7	23.3	4.3	13.1	33.9	8.3
收音机	部	7.8	20.2	5.1	18.2	32.8	14.8
电视机	部	0.3	1.3	0.1	2.7	10.2	1.0

数据来源：国家统计局．中国统计年鉴 1983 [M]. 北京：中国统计出版社，1983.

3. 发展型新阶段与公共产品短缺

迟福林教授运用经济发展水平、消费结构、产业结构、就业结构、城镇化率等指标研究表明，我国在本世纪初（2000—2003 年）基本实现了由生存型阶段向发展型阶段的过渡。[①] 以消费结构为例，城镇居民恩格尔系数在 1996 年降到 50%以下，2000 年农村居民恩格尔系数也降到 50%以下；到 2014 年，城镇恩格尔系数进一步降到 30%，农村恩格尔系数则降到 33.6%（见图 6.1）。居民消费支出已主要不在于满足生存型需求，而是主要满足发展型需求。

① 中国（海南）改革发展研究院．中国人类发展报告 2007/08——惠及 13 亿人的基本公共服务 [M]. 北京：中国对外翻译出版公司，2008：17.

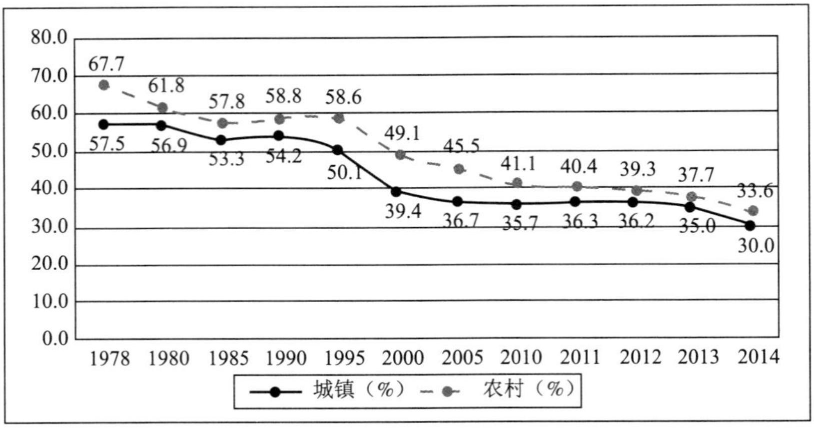

图 6.1　1978—2014 年我国城乡居民恩格尔系数变化趋势

注：2014 年恩格尔系数是根据食品烟酒支出/消费支出计算得到。

资料来源：国家统计局．中国统计摘要2015［M］．北京：中国统计出版社，2015.

第一，在发展型新阶段，私人产品短缺的问题基本上得到有效解决。市场化改革彻底改变了私人产品供给短缺的状况，使城乡居民衣食住行等生存型需求基本得到满足，开始追求自身发展的更高层次需求。到 2017 年，城乡居民大部分家庭拥有冰箱、彩电、移动电话等耐用消费品。目前，我国的钟表、自行车、缝纫机、电池、家具、塑料加工机械、日用陶瓷、灯具、空调、冰箱、洗衣机、微波炉、鞋、钢琴等 100 多种产品产量居世界第一。

表 6.4　2003—2017 年城镇居民家庭每百户耐用消费品拥有量

项目	单位	2003	2005	2010	2011	2014	2015	2016	2017
空调	台	61.8	80.7	112.1	122.0	107.4	114.6	123.7	128.6
计算机	台	27.8	41.5	71.2	81.9	76.2	78.5	80.0	80.8
家用汽车	辆	1.4	3.4	13.1	18.6	25.7	30.0	35.5	37.5
移动电话	部	90.1	137.0	188.9	205.3	216.6	223.8	231.4	235.4

数据来源：国家统计局．中国统计年鉴 2018［M］．北京：中国统计出版社，2018.

表 6.5 2003—2017 年农村居民家庭每百户耐用消费品拥有量

项目	单位	2003	2005	2010	2011	2014	2015	2016	2017
彩电	台	67.8	84.1	111.8	115.5	115.6	116.9	118.8	120.0
电冰箱	台	15.9	20.1	45.2	61.5	77.6	82.6	89.5	91.7
摩托车	辆	31.8	40.7	59.0	60.9	67.6	67.5	65.1	64.1
洗衣机	台	34.3	40.2	57.3	62.6	74.8	78.8	84.0	86.3
空调机	台	3.5	6.4	16.0	22.6	34.2	38.8	47.6	52.6
移动电话	部	23.7	50.2	136.5	179.7	215.0	226.1	240.7	246.1
计算机	台	1.4	2.1	10.4	18.0	23.5	25.7	27.9	29.2

数据来源：国家统计局．中国统计年鉴 2018 [M]．北京：中国统计出版社，2018.

第二，公共产品短缺成为全社会发展的突出矛盾。我国进入发展型新阶段，城乡居民开始面临上学贵、看病难、看病贵、就业难、房价高、食品安全问题高发、环境污染等社会难题。城乡居民在教育、医疗、养老、住房等公共服务方面的支出费用增长远远超过人均收入的增长速度。以医疗保健为例，1990—2010 年的 20 年间，我国城乡居民人均医疗保健支出年均增幅分别为 19%和 13%，比同期城乡居民人均收入的增幅分别高出 5 和 2 个百分点。①

二、公共需求全面快速增长与基本公共产品短缺并存

经过 40 年的改革发展，城乡居民生活水平全面快速提升。在这个背景下，广大社会成员对教育、医疗、社会保障等公共产品与公共服务的需求全面快速增长，问题在于，基本公共产品与公共服务的需求与供给严重不适应。

① 迟福林，方栓喜．公共产品短缺时代的政府转型 [J]．上海大学学报（社会科学版），2011（4）：1-9.

1. 发展型消费需求持续快速增长

从现实情况看，发展型消费持续增长成为当前经济转型升级的突出特点。根据迟福林等人的研究，发展型消费需求主要包括居住、家庭设备及用品、交通通信、文教娱乐、医疗保健等。[①] 按照这个划分标准，我国城乡居民的发展型消费需求不仅在规模上持续提高，而且在消费总支出中的比重不断上升。据统计，1990—2017 年，城镇居民现金消费支出中发展型消费需求的支出比重从 32. 39%提高到 57. 6%（见表 6. 6）；农村居民现金消费支出中发展型消费需求的支出比重从 33. 43%提高到 60. 12%（见表 6. 7）。

表 6. 6　1990—2014 年城镇居民人均消费性支出构成（%）

指标	1990	1995	2000	2010	2015	2016	2017
人均现金消费支出	100. 00	100. 00	100. 00	100. 00	100. 00	100. 00	100. 00
食品	54. 25	50. 09	39. 44	35. 67	34. 80	34. 37	33. 75
衣着	13. 36	13. 55	10. 01	10. 72	9. 51	9. 01	8. 64
居住	6. 98	8. 02	11. 31	9. 89	9. 31	9. 39	9. 77
生活用品及服务	10. 14	7. 44	7. 49	6. 74	7. 26	7. 35	7. 45
交通通信	1. 20	5. 18	8. 54	14. 73	16. 16	16. 42	16. 31
文教娱乐	11. 12	9. 36	13. 40	12. 08	13. 31	13. 67	14. 00
医疗保健	2. 01	3. 11	6. 36	6. 47	6. 45	6. 73	6. 90
其他	0. 94	3. 25	3. 44	3. 71	3. 20	3. 05	3. 17
生存型消费	67. 61	63. 64	49. 46	46. 39	44. 31	43. 38	42. 39
发展型消费	32. 39	36. 36	50. 54	53. 61	55. 69	56. 61	57. 60

资料来源：国家统计局．中国统计摘要 2018［M］. 北京：中国统计出版社，2018.

① 迟福林．第二次转型——处在十字路口的发展方式转变［M］. 北京：中国经济出版社，2010：77-91.

表 6.7 1990—2017 年农村居民人均消费性支出构成（%）

指标	1990	1995	2000	2010	2015	2016	2017
人均现金消费支出	100.00	100.00	100.00	100.00	100.00	100.00	100.00
食品	58.80	58.62	49.13	41.09	34.36	34.00	32.98
衣着	7.77	6.85	5.75	6.03	7.44	7.07	6.90
居住	17.34	13.91	15.47	19.06	10.54	10.25	10.79
生活用品及服务	5.29	5.23	4.52	5.34	7.28	7.26	7.06
交通通信	1.44	2.58	5.58	10.52	15.73	16.71	17.03
文教娱乐	5.37	7.81	11.18	8.37	13.11	13.16	13.22
医疗保健	3.25	3.24	5.24	7.44	9.22	9.30	9.80
其他	0.74	1.76	3.14	2.15	2.33	2.25	2.22
生存型消费	66.57	65.48	54.87	47.12	41.80	41.07	39.88
发展型消费	33.43	34.52	45.13	52.88	58.21	58.93	60.12

资料来源：国家统计局．中国统计摘要 2018［M］．北京：中国统计出版社，2018.

2. 基本公共产品短缺的矛盾突出

在我国，由于长期以经济建设为中心，从而导致基本公共服务供给不足的矛盾比较普遍。主要表现在：

第一，基本公共产品供给不足。分别以教育、公共卫生和社会保障支出为例，据统计，2001 年，高收入国家财政的教育支出占 GDP 的比重平均为 6.8%，中等收入国家平均为 4%，低收入国家平均为 3.7%，但我国 2008 年为 2.97%；高收入国家财政的卫生支出占 GDP 的比重平均为 7.9%，中等收入国家平均为 1.9%，低收入国家平均为 1.2%，但我国 2008 年为 0.91%；高收入国家财政的社会保障支出占 GDP 的比重平均为 13.4%，中等收入国家平均为 7.9%，但我国 2008 年为 2.25%。①

① 林兆木．危机对我国中长期经济增长格局的影响［N］．人民日报，2009-07-06：（07）.

第二，基本公共服务个人支付比重上升。城乡居民在教育、医疗、养老、住房保障等方面个人承担的费用大幅上涨，远远超过中低收入家庭收入的增长速度。在基础教育中，虽然我国已经实行9年制全免费义务教育，但学前教育、高中和高等教育的经费相当大部分由居民个人承担。

第三，基本公共服务的城乡、区域差距明星。以养老保险为例，尽管2015年我国已经建立全国统一的城乡居民基本养老保险制度，但城乡差距、区域差距仍是阻碍新型城镇化的关键因素。有数据显示，2015年全国7974万名企业退休人员基本养老金月人均水平超过2200元，城乡居民基本养老金月人均水平超过110元，两者养老金水平差距超过20倍。[①]

3. 公共产品短缺成为当前抑制消费的突出因素

长期以来，我国经济增长存在着“内需不足、市场疲软”的突出矛盾，导致投资消费结构失衡。从现实情况看，造成消费低迷的原因较多。从社会角度看，公共产品短缺、基本公共服务供给不到位，导致城乡居民预防性储蓄增加，削弱了居民消费预期的稳定性。从现实情况看，这些年城乡居民收入大幅提升，但消费率不升反降，主要原因也在于公共产品供给不足。基本公共服务问题不仅是事关社会公平正义的核心因素，也是解决经济下行压力、实现经济转型升级的重要引擎。

三、发展型需求成为经济社会发展的内生动力

在外需不足、经济下行的情况下，保持经济社会稳定发展关键

① 2015年城镇新增就业1312万人 企业退休人员基本养老金月人均超2200元［N］. 人民日报，2016-01-23：（03）.

在于释放内需潜力，这就需要把公共产品和公共服务打造成为拉动经济增长的重要引擎。

1. **发展型需求成为经济转型升级的内生动力**

在当前内外形势发生深刻复杂变化的背景下，继续靠扩大投资规模拉动经济增长在短期内可能是有效的，但会进一步加剧产能过剩和金融风险，从而延误经济转型升级。要看到，正是由于人们发展型需求的全面快速增长，才为公共产品和公共服务成为拉动经济增长的重要引擎奠定坚实基础。也就是说，正是由于人们教育、医疗卫生、社会保障、基本住房、环境保护等方面的需求快速增长，才会有现代服务业的快速发展，才会推动产业结构由低端向中高端升级。

2. **发展型需求成为社会进步的内生动力**

在公共产品短缺时代，经济总量的扩张并不能有效满足人们的发展型需求。这些年来城乡居民面临的上学贵、看病贵、养老住房无保障等问题，都是在经济总量快速扩张的背景下形成的。如果没有基本公共服务均等化，公共产品短缺的矛盾就难以缓解。因此，在满足人们发展型需求的同时需要推进政府发展导向的转变，使更多的人能够分享到发展所带来的成果。这也是中共十八届五中全会所强调的“共享发展”的题中应有之义。

第二节　强化政府公共服务职能，加大公共服务供给

从现实情况看，实现政府发展理念由经济建设向公共服务转变，首要任务是强化政府公共服务职能，使地方政府成为公共服务供给主体，加快各类公共服务供给，由此扭转地方政府重经济建设、轻公共服务的局面。

一、加大经济性公共服务供给

从经济层面看，释放经济潜力，关键在于加大经济性公共服务的制度供给，纵深推进简政放权，营造公平竞争的市场环境，从而充分释放市场活力。

1. 经济性公共服务短缺制约经济转型升级

在我国经济起飞阶段和规模城镇化过程中，政府主导型经济增长方式将经济资源高度集中在投资建设上，对拉动我国经济高速增长和城镇化快速推进发挥了重要作用。但这种发展模式以做大经济总量、追求经济增速为主要目标，以投资主导、土地批租和重化工业项目为突出特征，以行政干预配置资源为主要手段，在带来经济高速增长、投资消费结构失衡、资源环境恶化等突出问题的同时，也造成了政府与市场关系的错位，使得政府在市场经济条件下经济性公共服务职能的严重缺位，严重制约了经济转型升级。

2. 维护公平竞争的市场环境

在市场经济条件下，政府的主要职能之一是市场监管，维护市场秩序。近几年来，政府在简政放权上下了很大功夫，并取得了明显成效，有效激发了市场主体的活力。但在现行体制下，政府行政审批职能强、市场监管职能弱的基本格局尚未根本改变，监管转型滞后的矛盾与问题突出，市场秩序受到严重影响。为此，需要以强化统一性、独立性和专业性为目标，调整优化市场监管机构，加强市场监管的统筹协调，提高监管效率。当前，向纵深推进以简政放权为重点的行政审批体制改革，需要与市场监管改革相结合，实现二者联动，真正做好“放管”结合。

3. 保障市场信息公开透明

市场信息的公开透明，是减少行政干预、预防机制性腐败的重要保障。但由于多种因素，部分市场主体并不愿意提供充分透明的市场信息。这就要求政府加强市场信息的公开透明，坚持“以公开为常态、不公开为例外”，除商业机密外，全面公开市场主体必要的经营信息，减少市场信息不对称，保障市场公平竞争。

二、加大社会性公共服务供给

从社会层面看，形成经济与社会发展的良性互动，关键在于形成橄榄型的社会结构，这就需要把实现基本公共服务均等化作为社会性公共服务供给的重点内容。

1. 社会性公共服务短缺既制约经济转型，也制约社会转型

政府主导型经济增长方式，使地方政府把主要精力放在争取投资、做大 GDP 总量上，将经济增长等同于全面发展，从而导致公共

服务在多方面的欠账。当前，社会性公共服务短缺，严重制约着经济社会转型。一方面，由于公共产品、公共服务短缺，严重抑制了城乡居民的消费，制约了消费主导的经济转型；另一方面，由于不同群体间公共服务水平存在差距，导致社会利益不断分化，制约了社会转型。

2. 确保实现城乡基本公共服务均等化

2012年，《国家基本公共服务体系“十二五”规划》明确提出“争取到2020年基本实现基本公共服务均等化”，即不论贫富、性别、地域都可以公平地获得基本公共服务。当前，需要将学前教育、高中教育和中等职业教育纳入义务教育范围；对义务教育、公共卫生与基本医疗、基本养老保障、公共就业服务、基本住房保障等基本公共服务要制定全国性最低标准，确定基本公共服务城乡、区域、行业差距控制的约束性指标；明确改革的路线图和时间表，按照“保基本、强基层、建机制”的基本思路，尽快建立城乡统一的基本公共服务体制。

3. 培育良好的社会环境

地方政府要加快服务平台建设，逐步改善企业营商环境，促进公共资源配置均等化和专业化分工协作，逐步形成市场化、社会化、专业化的公共服务体系和长效机制；完善社会化服务体系，及时公开市场、政策、企业信用等方面的信息，在信息查询、质量检测、技术创新、创业辅导、人员培训、管理咨询、市场开拓、法规标准等方面提供全方位服务。

三、加大制度性公共服务供给

从政府层面看，无论是经济转型还是社会转型，均全面依赖于政府转型。这就需要尽快明确各级政府的公共职责，使各级政府能够准确、有效地提供制度性公共服务。

1. 制度性公共服务短缺制约政府转型

处在经济转型升级的特定历史时期，制度供给是推动经济社会转型的重要公共产品。当前，我国经济社会面临相当多的突出矛盾与问题，尤其是政府自身建设中存在的矛盾与问题，都与制度性公共产品短缺、相关的体制改革滞后相关联。加大制度性公共服务供给，是进一步转变政府职能的客观要求。

2. 明确各级政府的公共职责

从经济领域看，分税制改革以来，经济总量导向的中央地方关系多年来未有大的调整，中央地方经济管理权限尚未实现合理的分工，地方政府间围绕 GDP 增长的竞争越来越激烈；从社会领域看，近些年来，我国逐步实现了城乡义务教育全免费，建立起新型农村合作医疗、新型农村养老保险等公共服务体制，初步建立起了城乡基本公共服务体系。但由于中央地方公共职责分工尚不清晰，各级政府间事权与财力仍不匹配，这使得城乡基本公共服务制度对接容易，水平差距缩小就很困难。

3. 建立公共财政制度

中共十八届三中全会《决定》明确提出："财政是国家治理的基础和重要支柱，科学的财税体制是优化资源配置、维护市场统一、促进社会公平、实现国家长治久安的制度保障。"事实上，没有公共财政制度的定型化，政府主导的经济增长模式难有大的改观。应完善国家财政立法、明确事权、改革税制，建立财政民主化的制度框架，充分发挥中央与地方两个积极性。

4. 实现公共资源的均衡配置

在总量导向的中央地方关系下，地方政府通过行政手段配置公共资源，很难实现公共资源的均衡配置。推进新型城镇化，吸引更多的农村人口到中小城镇就业、生活，关键在于实现大城市和中小城镇均衡发展。为此，需要尽快打破地区封锁和地方利益的藩篱，以公共资源配置均等化为目标，加快形成大中小城镇协调发展的新格局。

第三节　以公共服务为导向的中央地方关系的基本框架

2003 年的 SRAS 危机凸显了公共服务的重要性。2004 年，温家宝总理在《提高认识 统一思想 牢固树立和认真落实科学发展观》的讲话中，首次提出“建设服务型政府”；2005 年 3 月 5 日，温家宝总理在《政府工作报告》中正式提出“努力建设服务型政府”。在理论界，迟福林教授在 SRAS 危机后提出“从经济建设型政府转向公共服务型政府”的倡议，得到社会的广泛认同。随着我国进入公共产品短缺时代，需要尽快改变以经济总量为导向的中央地方关系，推动中央地方关系由经济总量导向转向公共服务导向，由此形成新阶段中央地方关系的基本框架，为实现国家治理体系与治理能力现代化奠定重要基础。

一、推动地方政府发展理念由经济建设向公共服务转变

进入新阶段，以经济总量为导向的中央地方关系越来越难以适应我国经济转型升级和全社会需求结构变化的大趋势。也就是说，推进以人为核心的新型城镇化，重在实现地方政府发展理念的根本性转变。

1. 以经济总量为导向向以公共服务为导向转变

随着我国进入发展型新阶段，人的自身发展成为时代发展的主题。在现代市场经济条件下，城乡差距、地区差距、贫富差距不可避免，但是不能因此而造成人的基本发展权的不平等。实践表明，经济总量导向的发展理念难以解决这一问题。适应人的自身发展成为发展核心目标的大趋势，应加快推动地方政府发展理念由经济总量导向向公共服务导向的转变，把缩小过大的城乡差距、地区差距、贫富差距作为新型城镇化的目标追求。

2. 从做大蛋糕向分好蛋糕转变

从经济总量导向转向公共服务导向，要求在政府层面确立财富分配的基本理念。在我国经济起飞阶段，政府主导型经济增长模式带有明显的国富优先特征。但是进入到发展型新阶段，继续坚持国富优先，尽管可以积累更多的国家财富，但是难以有效激发国内消费大市场，更难以推动经济转型升级，还容易积累各种风险与矛盾。从国际经验看，在一个国家从中等收入向高收入行列迈进的过程中，政府职能之一就是缩小收入差距，确保居民收入稳步增长。例如上个世纪 60 年代日本实施的“国民收入倍增计划”。当前，我国正处在由中高收入向高收入国家行列迈进的过程中，更需要强调民富优

先，强调藏富于民，培育稳定的中等收入群体。

3. 从投资驱动向消费拉动转变

投资主导在我国40年经济高速增长中扮演了主体角色，但随着我国城乡居民消费结构升级，我国已经进入消费新时代，消费已经成为这个时代发展的主题。当前，由投资驱动所带来的产能过剩和金融高杠杆率的矛盾已相当突出，继续坚持投资驱动，不仅难以推动经济转型升级，还将加剧当前的经济风险。在我国经济转型升级的特定历史阶段，实现由“投资—出口”拉动增长向内需支撑增长的转变，并形成消费支撑经济增长的新格局，关键在于确立消费主导的发展理念，使经济增长建立在近14亿人发展型消费需求释放的基础上。

4. 由工业主导向服务业主导转变

在经济总量导向的中央地方关系下，地方政府重工业、轻服务业的特点突出，各级政府出台的产业政策主要偏向工业，服务业与工业政策严重不平等，由此造成产业结构严重不合理，服务业的发展严重滞后。尽管2018年我国服务业占比已经过半，达到52.2%，但与发达国家相比，仍有较大的差距。从实际情况看，工业转型升级依赖于生产性服务业的加快发展，以人为核心的新型城镇化依赖于生活性服务业的加快发展。为此，需要把加快现代服务业的发展放在更加突出的位置，实现服务业与工业平等使用生产要素，公平竞争。

二、建立合理的中央地方公共职责分工体系

建立起比较完善的基本公共服务体制，需要加快城乡、区域、

不同群体间的基本公共服务制度的统一和对接，基本形成全国一体化的基本公共服务体系，将公共财政支出比例提高到70%以上，城乡基本公共服务差距缩小到10%以内，基本实现城乡基本公共服务均等化。

1. 建立合理的中央地方基本公共服务分工体制

（1）完善中央地方义务教育财政支出责任分工。明确划分各级财政义务教育支出责任，包括：全国公共教育教师待遇的支出责任、明确流动人口子女义务教育的经费保障责任，以及学前教育、高中教育和中等职业教育的支出责任等。

（2）完善中央地方公共卫生和基本医疗服务财政支出责任分工。明确划分各级政府公共卫生和基本医疗保障的支出责任：公共卫生财政支出责任应由中央与省级分担，以中央为主；基本医疗服务由省级、市级和县级政府共同分担，以省为主；逐步减轻市、县两级政府的财政负担，强化对其执行责任的考核。

（3）明确中央与地方财政基本养老保障支出责任划分。明确划分各级财政养老保障支出责任：中央主要负责制度设计，在承担出台政策和指导原则、统一基本养老保障制度安排和设计全国养老保障体制框架责任的同时，加大对各地养老保障的转移支付力度；全国性的公共产品应由中央政府负责，地方性的公共产品则由地方政府负责。

（4）合理划分中央与地方政府在公共就业服务中的职责。就业服务属于地方政府的公共职责。但是，在我国由于大量人口跨区域就业，公共就业服务的外溢性较强，为此，中央应承担更多的公共就业服务支出职责，增加公共就业服务经费投入，地方政府具体负责就业服务的供给与执行，同时，各地政府应划出专项资金用于改善公共就业服务条件。

（5）建立中央与地方政府基本住房保障支出责任分工体系。从目前的情况看，保障性住房建设由省级政府负总责，市、县政府抓落实，中央财政对地方补助部分建设资金。为此，需要明确各级政府的住房保障责任，合理确定地方政府间资金配套比例，加大中央财政对欠发达地区住房保障的支持力度。

2. 加快建立以基本公共服务均等化为目标的公共财政制度

（1）建立以基本公共服务均等化为目标的公共财政体系。调整和优化财政支出结构，降低经济建设费支出比重、“三公经费”支出比重，大幅增加基本公共服务支出比重；改革财政预算管理制度，加快建立全口径财政预算制度，全面推进预算公开，用有限的财政资金为全体社会成员提供更高水平和更加公平的基本公共服务。

（2）完善中央与地方政府转移支付体系。按照中共十八届三中全会《决定》的要求，“完善一般性转移支付增长机制，重点增加对革命老区、民族地区、边疆地区、贫困地区的转移支付。中央出台增支政策形成的地方财力缺口，原则上通过一般性转移支付调节。清理、整合、规范专项转移支付项目，逐步取消竞争性领域专项和地方资金配套，严格控制引导类、救济类、应急类专项，对保留专项进行甄别，属地方事务的划入一般性转移支付”。

（3）深化省级及以下的财税体制改革。把财政能力均等化作为省以下财税体制改革的重点，加快推进省直管县的财政体制改革，以此强化省级政府对地方财力分配的调节作用；完善地方税体系，探索培育地方主体税种，提高直接税比重，全面推进增值税改革，加快房地产税立法并适时推进改革，完善国税、地税征管体制。

3. 推动行政区划体制改革，拓宽城镇化发展空间

（1）重点发展中小城镇。有数据显示，从广义上看（包括含乡镇的市辖区），截至2017年底，我国共有中小城市2811个，中小城镇直接影响和辐射的区域，行政区面积达到934万平方公里，占国土面积的97.3%；总人口达11.77亿，占全国总人口的84.67%；经济总量达到71.24万亿元，占全国经济总量的84.92%。[①] 客观地看，中小城镇在我国国民经济中占有举足轻重的作用，但中小城镇的平均城镇化率约为35.1%左右。问题在于，在目前以行政级别配置公共资源的情况下，公共资源向大中城市集中，造成中小城镇公共资源配置严重不足，从而使得中小城镇的吸引力不足。为此，需要改变以行政级别配置公共资源的格局，实现大中小城镇公共资源均衡配置，吸引更多的人到中小城镇生活，同时也有助于缓解大城市的压力。

（2）促进大城市健康发展。对一个国家而言，大城市很重要。从国际经验来看，发达国家都有闻名于世的国际性大都市，例如美国纽约、英国伦敦、日本东京、法国巴黎等。在城镇化进程中，我国涌现出了北京、上海、广州、重庆等特大城市，对转移农村剩余劳动力发挥了巨大作用。但同时，由于大城市公共资源配置水平较高，随着人们生活水平的提升，人口不断向大城市集聚，一些大城市已经患上较为严重的交通拥堵、环境污染、住房紧张等城市病。从这个意义上讲，推进新型城镇化要把健康发展大城市作为重要任务之一，鼓励发展卫星城，着力改善大城市周边的公共资源配置，

---

① 2018年中国中小城市科学发展指数研究成果发布（一）［N］. 人民日报，2018-10-08：（12）.

鼓励人口向卫星城转移，推动大城市可持续发展。

（3）打破地区行政壁垒，促进城市群、城市带的发展。40 年来，城市带和城市群的发展已从发达的北美、西欧等地区扩展到一些发展中国家，成为世界各国城市密集地区发展的一个共同趋势。长期以来，由于我国实行行政区经济，不同程度上形成了地方保护主义。在当前经济进入新常态的背景下，推进城市群、城市带的发展，既有利于打破地方保护主义，又有利于整合资源形成全国统一的大市场，形成可持续发展的动力。为此，国家提出“一带一路”倡议、长江中游城市群等发展战略，就是希望通过城市群、城市带的发展带动区域经济一体化，从而推动经济转型升级。这客观上要求打破各地各自为政的局面，实现资源的共建共享。

随着我国进入公共产品短缺时代，以经济总量为导向的中央地方关系越来越难以适应人们公共需求全面快速增长的大趋势。在这个背景下，不仅需要加大各级政府的公共服务供给，更重要的是，适应以人为核心的新型城镇化发展大趋势，推动中央地方关系由经济总量导向向公共服务导向转变，并形成中央与地方合理的公共职责分工体系，由此使新型城镇化走上一条全面协调可持续的发展道路。

第七章　以基本公共服务均等化为目标明确中央与地方公共职责分工

在总量导向的中央地方关系驱使下，地方政府公共产品、公共服务供给严重不足。随着我国进入公共产品短缺时代，继续实行这种“重经济、轻公共服务”的发展模式，不仅不利于新型城镇化的推进，更不利于当前经济转型升级，还容易积累更多的矛盾与风险。未来几年，适应新型城镇化与乡村振兴相融合的大趋势，要明确各级政府的公共职责，为城乡居民提供基本而有保障的公共服务，并形成对地方政府行为的制度约束。从国际经验看，合理划分中央与地方公共职责需要遵循一些基本原则，财政部原部长谢旭人曾经提出科学划分中央与地方事权应遵循的五项原则值得借鉴：一是界定市场经济条件下的政府职能，改变政府包揽过多的问题；二是范围原则。属于全国范围共同事务的事权由中央政府承担，属于地方范围的事务由地方政府承担；三是效率原则；四是分级管理原则；五是法律规范原则。[①] 本章对中央地方公共职责分工的研究也遵循这些原则。

---

① 刘仲黎．中国财税改革与发展［M］．北京：中国财政经济出版社，1998：96.

第一节　明确界定中央与地方政府的公共职责

随着我国综合国力和人民生活水平的提升，社会需求结构发生显著变化，全社会公共需求全面快速增长与基本公共产品短缺的矛盾日益突出。改变经济总量导向的中央地方关系，需要适应社会需求结构变化的大趋势，加快建立完善的中央与地方公共职责分工体制。

一、实现基本公共服务均等化成为政府履行公共职责的基本目标

公共产品短缺时代与过去私人产品短缺时代最大的不同就在于，广大社会成员的需求发生了根本性变化，对公共产品和公共服务的需求增强，尤其是对基本公共服务的需求全面增强。这就要求各级政府把实现基本公共服务均等化作为履行公共职责的基本目标。

1. 新型城镇化重在推进城乡基本公共服务均等化

2017 年，我国常住人口城镇化率为 58.5%，而户籍人口城镇化率仅为 42.35%，两者相差约 16 个百分点。实践表明，这个差距反映出我国 2.87 亿农民工还在城乡之间流动，尽管他们工作、生活已完全融入城镇，但难以享受与城镇居民同等的公共服务。客观地看，推进以人为核心的新型城镇化涉及面很广，既有经济层面，又有社会层面；既有投资领域，又有消费领域；既有政策层面，又有制度

层面，但关键在于城乡基本公共服务均等化，重点在于优先解决农民工市民化。这对政府职能转变提出了更高的要求，这就需要政府尽快改变以经济总量为导向的发展理念，让政府职能回归到公共服务上。

2. 基本公共服务均等化取得重要进展

实现基本公共服务均等化，对改善民生、促进社会公平、实现全面小康社会具有重要的现实意义。从政策层面看，《国家基本公共服务体系“十二五”规划》明确提出了基本公共服务均等化的时间表，提出到2020年基本实现基本公共服务均等化；中共十八大报告提出到2020年“基本公共服务均等化总体实现”的目标；中共十八届三中全会《决定》提出“推进城乡要素平等交换和公共资源均衡配置，推进城乡基本公共服务均等化”。从实践看，近几年来，各级政府不断加大公共服务投入力度，提高公共服务水平，初步建立起覆盖全体城乡居民的公共服务体系。在当前经济增长乏力、财政收入增速放缓的情况下，本届政府继续提高退休人员基本养老金标准，向全社会释放出一个积极的信号。

3. 加快完善公共服务供给体制

尽管目前我国已经初步建立起覆盖全体城乡居民的公共服务体制，但是这个体制尚未健全，制度尚未统一，城镇居民、城镇职工、农村居民、农民工等不同群众之间的水平差距还相当大。以养老金为例，我国机关事业单位离退休金平均每月为3174.69元，城镇职工基本养老金为2400.22元，城镇居民基本养老金为1387.2元，农村社会养老保险金为141.21元。[①] 也就是说，城镇居民是农村居民的近10倍，机关事业单位职工是农村居民的22.5倍。可以说，推

① “他们”如何老去［N］. 第一财经日报，2016-03-17：(A12).

进以人为核心的新型城镇化，就是要加快缩小这种制度差距，使农村转移人口能够更好地在城镇安居就业。这给政府完善公共服务体制提出了严峻挑战，到底各级政府负什么样的责任，负多少责任，需要做出合理的安排。也就是说，尽快明确各级政府的公共服务职责，成为政府有效履行公共职责的当务之急。

二、建立完善的中央与地方公共职责分工体制

从理论上看，公共服务分工体制的有效构建直接取决于中央与地方在公共职责分工上的规范和科学。[①] 目前，我国实行的是中央、省、市、县、乡镇五级政府基本框架，在五级政府框架下划分中央地方职责分工比较困难。在新型城镇化的背景下，从利于调动中央与地方两个积极性出发，可以考虑将县与地级市作为平级考虑，乡镇政府职责划归县（市）统筹，以公共服务分工为重点，按照中央、省、县（市）三级政府框架划分中央与地方政府公共职责，逐步将各级政府的公共服务职责明确化、法定化、可问责。

1. 合理界定中央政府公共职责

中央政府的公共职责比较全面，应重点加强经济社会事务的宏观管理。一是明确中央政府的经济战略职能和宏观调控职能，加强经济事务的宏观管理，尽可能将经济审批权下放到地方；二是把市场监管作为中央政府的主要职责，实行市场监管由中央垂直管理，克服地方保护主义，建立全国统一大市场，维护政令统一和法治统一；三是中央政府要制定法律法规、方针政策和国家标准，提供全

① 刘华．公共服务分工体制视角下的中央与地方关系［J］．江苏社会科学，2013（6）：76-82.

国性公共服务，对省级辖区间公共服务进行统筹管理和监督检查；四是中央政府要负责均衡省级政府间财力，通过转移支付推进基本公共服务均等化。

2. 合理界定省级政府公共职责

省级政府的公共职责主要是保障国家法律法规、政策方针和国家标准的严格实施：一是省级政府不承担宏观调控和市场监管职责，可以通过区域发展规划和产业政策引导企业，但不能直接干预微观经济运行；二是省级政府根据本地区情况制定地方性法规规章和政策标准，提供本区域内的公共服务，对各县（市）负有行政组织协调和监督检查责任；三是省级政府应按照国家基本公共服务均等化标准确定辖区内的实施标准，实现基本公共服务省级统筹；四是省级政府通过转移支付均衡辖区内县（市）财力，对辖区内基本公共服务均等化负最终责任。

3. 合理界定县（市）政府公共职责

县（市）政府的公共职责主要是执行国家和省级政府的法律法规、政策方针和规章标准：一是县（市）政府可以制订经济规划引导企业，但原则上不再干预市场；二是未来基本公共服务将逐步实现省级统筹、国家统筹，县（市）政府无权确定公共服务政策和标准，只负责辖区内公共服务的执行；三是县（市）政府要把工作重点放在改革公共服务供给机制上，建立多元化的公共服务体系，提高公共服务的供给效率；四是县（市）政府要加强社会管理职能，确保基层社会稳定。

第二节　以基本公共服务均等化为目标强化和规范各级政府的公共服务职能

在当前经济下行压力增大的背景下，充分发挥公共产品、公共服务这支“引擎”在推动经济发展中的重要作用，关键在于加快实现城乡基本公共服务均等化，以此为扩大内需形成良好预期，为服务业主导的经济转型创造良好条件。

一、明确界定各级政府承担的基本公共服务的范围

从国内外发展的实践看，中央与地方事权划分的方法主要有：一是一方列举，另一方概括；二是双方同时列举，剩余权再作处理；三是排他法，即依照社会的事权、基层的事权、地方的事权、中央的事权的次序逐步排除，把最后的权力归属中央；四是比例法，即明确中央和地方在某项事权上各自占有多大比例。[①] 本书以中央相关政策文件为参考，突出反映广大社会成员的现实需求，据此展开论述。《国家基本公共服务体系“十二五”规划》把基本公共教育、劳动就业服务、社会保障、基本社会服务、基本医疗卫生、人口和计划生育、基本住房保障、公共文化体育和残疾人基本公共服务纳入我国基本公共服务体系；从当前我国经济社会发展的现实情况看，义务教育、基本医疗与公共卫生、社会保障、公共就业服务、基本

① 刘怡昌，等．中国行政科学发展［M］．北京：中国人事出版社，1996：244.

住房保障既是保障全体社会成员基本生存权和发展权必须提供的基本公共服务，也是当前我国财政有能力提供的基本公共服务的主要内容。

1. 为全体适龄儿童提供基本而有保障的义务教育

我国从1986年开始推行九年义务教育，2008年实现义务教育全免费，这些政策的出台对提高我国人口素质起到了很好的作用。有数据显示，我国15岁以上人口平均受教育年限由1990年的6.4年提升到2012年的9年以上。[①] 目前，我国新增劳动力平均受教育年限已超过13.3年，相当于大学一年级水平。[②] 但是随着我国人口红利的逐步消失，需要加大教育投入、提升教育水平，推动我国由人力资源大国向人力资本强国转型。现实的问题是：第一，学前教育公共服务供给不足、机会不公的问题突出，政府投入不足使得一些民办幼儿园高收费，“入园难”“入园贵”成为当前学前教育不公的突出矛盾；第二，目前一些地区已经开始普及高中阶段教育，这对进一步提升人口素质具有重要作用。建设人力资本强国，有必要尽快普及高中阶段教育。总的来说，我国需要尽快确定义务教育全国统一的范围和最低标准，保证全国各地适龄儿童都能享受到符合这个最低标准的义务教育，并且政府应该明确保障全国统一的义务教育质量标准的最低投入要求，如教师素质要求、师生比例、教学仪器设备的数量和质量要求等。

2. 为全体社会成员提供基本而有保障的基本医疗和公共卫生服务

目前，我国已经建立起城乡基本医疗保障体系，但在实际生活

① 国民受教育程度大幅提升［N］. 中国教育报，2013-03-19：（01）.
② 我国新增劳动力平均受教育年限超过13.3年［EB/OL］. 新华网，2018-09-28.

中，因病致贫、因病返贫的现象仍很普遍，而且城乡之间、区域之间、不同群体之间的医疗保障水平千差万别。为此，政府应该为全体社会成员提供基本而有保障的基本医疗和公共卫生服务。实现这个目标，首先需要明确基本医疗和公共卫生服务的具体内容，主要包括基本医疗保险、基本医疗服务和公共卫生服务，并保证这些服务的大部分费用由政府承担，以保证那些无力自己承担的社会成员都能够享受基本医疗和公共卫生服务；其次，当前有很多社会成员无力支付基本医疗服务费用，因此，个人承担的医疗支出比例应该大幅度降低；第三，传染病防治等重要的公共卫生服务，应该通过免费和补助相结合的方式予以保障。

3. 为全体社会成员提供基本的社会保障服务

我国已经建立起覆盖城乡的社会保障体系，问题在于城乡、区域和不同群体间的社会保障水平差距比较大。政府应该为全体社会成员统一提供基本的社会保障服务，包括养老、最低生活、工伤、生育和医疗保险。这就要求：逐步建立全国统一的社会保障制度，使城乡之间、不同地区之间和不同社会群体之间的基本社会保障水平逐步均等，使社会保障可以随着参保人及其家属居住地和就业状况的变化而迁转。

4. 为全体社会成员提供基本而有保障的公共就业服务

保障就业是政府履行公共职责的基本要求之一。政府应该为全体社会成员提供公平而有效的公共就业服务。为了提高公共就业服务的有效性，政府应该逐步消除城乡之间、地区之间的公共就业服务差别，尤其要加大对大中专毕业生、城市务工人员的公共就业服务力度，包括提高职业培训项目与劳动市场需求之间的匹配程度，保障被雇佣的学生、务工人员的基本权益。应帮助务工人员了解他们依法享有的劳动权益，为劳动权益受到侵犯的务工人员提供法律援助，督促雇主遵守与就业、社会责任和用工安全有关的法律法规。

5. 为全体社会成员提供基本住房保障

政府有保障公民基本居住条件的公共职责。我国从 1995 年开始实施“安居工程”，推行保障性住房建设，为大量低收入困难群体提供了基本住房保障，有效缓解了“住房难”“住房贵”等问题。但由于在城镇化过程中保障性住房用地供给不足、建设资金缺乏等因素，仍有部分居民生活在棚户区中，这与推进以人为核心的新型城镇化还有较大差距。政府应该为全体社会成员，不论男女、城乡和地区，提供基本的住房保障。为此，需要建立一套以公平为基准的住房保障体系，保障广大中低收入家庭的住房权利。

二、明确划分中央与地方政府基本公共服务支出责任

从现实情况看，我国地方政府仍然承担着大部分基本公共服务的支出责任，发达地区和欠发达地区之间基本公共服务差距仍然在持续扩大。中央和省级财政资源最充分，最有可能矫正这种发展不平衡。划分中央和地方政府以及不同层级地方政府的公共服务职责，应该确立以下基本原则，即低层级政府主要负责基本公共服务供给的事权责任，而高层级政府更多承担资金投入的支出责任。

1. 明确划分中央与地方政府义务教育财政支出责任

（1）明确全国义务教育教师待遇支出责任。决定义务教育质量最重要的因素是教师质量。各级财政的义务教育财政支出分工，首先应考虑缩小全国义务教育教师工资待遇和生活工作条件的差距，

制定全国统一的义务教育办学和教师工资的财政支出标准，对不足全国标准80%的省份，由中央财政补足到80%，同时规定由省级财力负担离退休教师的养老保险和提供教科书，地市级财力负担义务教育住宿学生的衣食住行，乡村两级负担学校用地。

（2）明确城镇流动人口子女义务教育经费保障责任。对于城镇流动人口，应在义务教育生均成本核算的基础上，由中央财政从转移支付中按人数追加拨款，钱随人走，再由中央政府指令流入地政府负责按国家颁布的义务教育标准组织实施。

（3）明确高中教育支出责任。逐步把普通高中教育纳入义务教育范围的经费保障机制，分别合理确定西部、中部和东部普通高中纳入义务教育范围后各级财政的支出责任。

（4）明确中等职业教育支出责任。研究制定把中等职业学校纳入义务教育范围的经费保障机制，合理确定西部、中部和东部中等职业教育学校纳入义务教育范围后各级财政的支出责任。

2. 明确划分中央与地方政府基本医疗和公共卫生服务财政支出责任

（1）明确各级政府财政支出责任。公共卫生财政支出责任应由中央与省级分担，以中央为主；基本医疗服务由省级、市级和县级政府共同分担，以省为主。

（2）探索基本医疗预算和公共卫生预算分设。公共卫生预算由中央财政解决，基本医疗服务由省、市、县三级财政分摊，中央财政加大对贫困落后地区基本医疗的转移支付。

（3）大幅减轻市、县两级政府的财政负担。加大中央与省对市县政府的投入，减少基层政府的配套资金规模；同时强化对其执行责任的考核。

3. 明确划分中央与地方政府社会保障财政支出责任

（1）中央主要负责制度设计。中央政府在承担出台政策和指导原则、统一基本社会保障制度安排和设计全国社会保障体制框架责任的同时，加大对全国各地社会保障的转移支付力度。在完善城乡居民社会保障体系的同时，重点规划解决农村社会保障欠账，尤其是进城务工人员的社会保障问题。

（2）全国性的公共产品，由中央负责。对于具有全国性公共产品特征的保障项目，如全国统一的基本养老保险、军人社会保障、重大疫情和自然灾害的社会救助等项目，应由中央政府承担主要财政支出和组织实施责任，由此为基本社会保障的全国统筹创造条件。

（3）地方性公共产品，由地方政府负责。对于城乡居民最低生活保障、社会救济等受益范围局限于本地区居民的，应主要由地方政府承担财政投入和组织实施责任；中央财政对欠发达地区通过转移支付予以支持。

（4）区域性公共产品，鼓励由区域合作组织负责。对于失业和基本医疗保险等既有较强的地方性公共产品特征，又有一定效用外溢性的，应由中央政府与地方政府共同负责，合理分摊财政支出责任，同时鼓励在区域经济合作组织（如长三角、珠三角、环渤海等）内协同承担财政支出责任。

4. 明确划分中央与地方政府公共就业服务财政支出责任

（1）公共就业服务培训经费，尤其是对进城务工人员，应由中央财政负责流出地的培训经费。根据流出地进城务工人员数量及培训规模对流出地进行专项补贴；尽管发达地区的竞争优势很大程度上是建立在源源不断流入的、低成本的进城务工人员之上，进城务工人员在流出地的培训具有很强的跨地域外部性，但由流入地的政府对进城务工人员的职业培训进行补贴合理但很不可行。

（2）加大中央财政对地方公共就业服务的支持力度。强化中央财政对困难地区、特殊行业、特殊群体的就业服务提供重点支持的制度。

（3）增强地方政府公共就业服务供给责任。包括进城务工人员在内的再就业、困难群体就业培训费用，应由所在地政府承担；所在地政府应划出专项资金用于改善公共就业服务条件。

5. 明确划分中央与地方政府基本住房保障财政支出责任

（1）明确省级政府的主导地位和市县政府的具体责任。建立省级政府切实承担资金统筹责任的机制，合理确定地方政府间资金配套比例，加大中央财政对欠发达地区住房保障的支持力度。

（2）调动政府和社会两个积极性。多渠道筹措和落实建设资金，需要将政府土地出让净收益的1/3应用于保障性住房建设。

（3）合理划分农村居民与政府的责任。对农村危房改造的资金实行以农民自筹为主、中央和地方政府补助为辅的办法，由于一些特困农户没有自筹能力，筹措资金难以落实，中央和省级政府均应提高补助标准，完善相关政策，真正解决好困难农户的危房改造问题。

三、推进政府公共服务职能制度化、法定化

政府一般性管理职能减少、公共服务职能增多是完善公共治理的基本趋势。着眼于到2020年政府职能转变基本定型，应加快实现政府公共服务职能制度化、法定化。

1. 推进基本公共服务制度对接

（1）加快城乡基本公共服务制度对接。由于城乡经济发展、生活水平等多方面的差距，城乡基本公共服务在水平大致相当的前提下可以存在一定的差距，但要尽快解决城乡制度不统一的问题。为此，“十三五”需要按照“加快整合、对接制度、提高水平、重点支持”的基本原则，在国家战略层面进一步明确全国统一的基本公共服务制度，提高基本公共服务统筹层次，尽快实现城乡基本公共服务制度统一。

（2）大幅提高农村基本公共服务水平，缩小城乡差距。考虑到区域发展差异，可以在经济发达的东部沿海地区，率先建立城乡统一的基本公共服务制度；在中部地区，进一步提高农村基本公共服务水平，为城乡制度统一创造条件；在西部欠发达地区，中央通过转移支付大幅提升农村基本公共服务水平，逐步将农村基本公共服务体系纳入城镇公共服务体系，最终实现城乡基本公共服务的制度对接和水平差距的逐步缩小。

（3）实现公共服务全国范围内无障碍转续。由于各地公共服务水平和差距存在较大差异，不同地区间公共服务转续困难使得大量参保人员，尤其是进城务工人员在工作转移时被迫重新参保。相关数据显示，2011 年，我国成功转移接续基本养老保险人仅占 20%，而近几年来，我国每年有 3000 多万人中断缴纳养老保险。[①] 这成为当前完善社会保障制度面临的重大挑战。为此，需要尽快实现基本养老保险的基础养老金全国统筹，实现职工基本养老保险制度的全

① 白天亮，李刚，曹玲娟. 每年 3000 万人中断社保 转移接续影响参保［N］. 人民日报，2013-12-20：（01）.

国统一，从根本上解决人口流动引起的养老保险关系转移和接续问题。

2. 推动公共服务业市场开放

（1）非基本公共服务全面开放市场。对于养老服务、托幼、专业培训、健康医疗保健、家庭服务等非基本公共服务，全面放开市场、引入竞争，充分发挥市场的决定性作用；对于非基本公共服务领域的事业单位，原则上转为企业或者社会组织。政府对于养老、托幼等社会需求大的非基本公共服务，加大政府补贴和税收支持力度，吸引更多社会资本进入该领域，尽快解决养老机构“一床难求”、幼儿园学位紧张的现状。

（2）基本公共服务引入竞争机制。在义务教育、基本医疗卫生、基本住房保障、基本社会保险、就业服务、公共文化等公共服务领域，通过加大政府向社会购买公共服务的力度，鼓励企业和公益性社会组织参与，与现有事业单位之间形成竞争机制。

（3）探索公共服务业市场化的有效路径。借鉴发达国家的经验，所有公共服务项目必须依法面向社会实行公开、公正和公平的招投标，引入市场竞争机制，探索通过合同外包、公私合营（PPP）、凭单制度等方式，推进公共服务市场化；率先在基础设施、公用事业等领域，积极推广政府和社会资本合作模式。①

3. 推行政府购买公共服务

（1）建立健全政府购买公共服务制度。适应公共服务业市场开放的大趋势，把形成多元的公共服务供给主体、多元的市场竞争主体作为建立健全政府购买公共服务制度的基本目标，重点推动政府

① 张飞．放开服务行业 释放市场红利［N］. 上海证券报，2014-04-14：（08）．

向社会组织购买公共服务，尽快取消政府购买服务对社会组织的某些歧视性政策。争取到2020年，形成规范化和法治化的政府购买公共服务新体制。

（2）加快形成政府向社会组织购买公共服务的体制。一是进一步细化《政府购买服务管理办法（暂行）》，使其更具可操作性；二是鼓励和支持发展公益性社会组织，使其成为政府购买公共服务的承接主体，对事业单位和体制外的公益性社会组织要一视同仁；三是建立各类公益性社会组织公平的竞争机制，除特殊领域外，绝大多数公共服务业市场要引入竞争机制，政府通过合同、PPP、委托等形式向社会组织购买公共服务。

（3）加快事业单位改革。2014年12月出台的《政府购买服务管理办法（暂行）》明确提出："政府购买服务应当与事业单位改革相结合，推动事业单位与主管部门理顺关系和去行政化，推动有条件的事业单位转为企业或社会组织"。从我国的实际情况看，相当多的事业单位在公共服务供给上发挥了至关重要的作用，这些事业单位中有一部分可以转型为公益性社会组织。目前，我国在社会福利、社区服务、公共文化等公共服务领域，迫切需要发展一大批具有公益性、专业性的社会组织。为此，需要尽快研究制定事业单位向公益性社会组织转型的实施办法。

（4）建立公益法人制度。从国际经验看，公益法人是以公共利益为目标而成立的财团法人，具有非营利性。近几年来，迟福林教授在国内多次呼吁加快建立公益法人制度，但这项制度多年来未有进展。未来几年，借鉴国外立法经验，并结合我国的实际情况，在将要出台的《民法典》中明确将法人分为营利法人和非营利法人，再在非营利法人之下规定互助法人和公益法人，并明确规定其经营活动范围，依法保护公益法人的财产权。

4. 加快完善公共服务监管体制

（1）明确公共服务监管体制改革的目标。按照中共十八届三中全会《决定》要求，在公共服务领域引入多元供给主体，实行政事分开、管办分离，把公共服务决策、执行和监管职能相对分离，增强公共服务监管的有效性，争取到2020年建立现代公共服务监管体制。

（2）增强监管机构的独立性、专业性。当前，加强我国公共服务监管机构的独立性可以重点放在实现监管与决策、执行的相对分离，同一个政府机构不能既是决策者、又是执行者，同时还是监管者，这样可以使监管机构拥有较大的权威性，能够站在公共利益的立场行使监管职能，这样就不必成立新的独立机构。

（3）建立现代监管体系。一是强化政府监管的基本职能，加快形成法律环境、行业监管机构、各类行业自律组织、消费者权益保护组织、大众传媒和社会监督在内的现代监管体系；二是强化政府部门对公共服务供给部门的行政监督，改变部门决策、部门执行和自我监督的格局，建立决策权、执行权、监督权既相互制约又相互协调的机制；三是建立完善的监管组织体系、规范透明的监管程序，组建专业化和有责任心的监管队伍，建立以现代信息技术为支撑的监管服务平台。

5. 推进政府公共服务职能法定化

（1）加快出台各级政府的权力清单和责任清单。加快推进政府公共服务职能法定化，明确各级政府的公共服务职权与责任。为此，首先需要依法明确中央与地方各级政府的公共服务权力和责任清单，尽快将基本公共服务均等化纳入法治化轨道。

（2）加快完善公共服务相关立法。围绕公共服务体制创新加快相关立法，为公共服务领域去行政化和建立法定机构创造条件。尽快制定出台《卫生法》，为医疗卫生体制改革中的政事分开、管办分离创造条件；修改《教育法》，明确界定教育领域去行政化的范围，并为民办教育的发展提供法律依据。

（3）推动中央与地方关系法治化。建设有限政府，建立公共服务导向的中央地方关系，关键在于实现中央与地方关系法治化。为此，需要尽快将《中央与地方关系法》纳入全国人大立法议程，依法规定中央政府与地方政府关系的原则、中央与地方各级政府的职责权限、地方自治权限范围以及其他相关权力的归属等内容，清晰界定各级政府的公共职责。

第三节 形成地方政府经济行为的制度约束

过去一段时期内，竞争性地方政府干预市场的“有形之手”，同增长主义理念相结合，同政府自身利益相结合，形成了强大的体制惯性。改变总量导向的中央地方关系，推动地方政府由经济建设型政府向公共服务型政府转型，必须采取多种手段规范和约束地方政府。

一、建立以公共服务为导向的干部政绩考核制度

在我国发展方式转型的重要历史关口，应该果断废除 GDP 导向

的干部考核机制，增加生态环境、民生、干群关系等指标在政绩考核中的比重，建立以公共服务和社会满意度导向为重点的干部政绩考核、选拔机制。

1. 建立各级政府公共服务评价指标体系

从国际经验看，政府公共服务绩效评价对激励政府公共服务部门具有重要作用。从我国的实际情况看，建立政府公共服务评价体系是加快实现基本公共服务均等化的重要任务之一。为此，需要尽快制订适合各级政府、同级政府不同部门的评价指标体系，并使其具有可操作性；绩效评估体系应包括义务教育、基本医疗和公共卫生、公共就业服务、养老保险、失业保险、最低生活保障、社会救助等基本公共服务。

2. 提高基本公共服务在干部政绩考核体系中的权重

加快改革现行的干部制度，需要尽快改变干部考核中把 GDP 视为重要的刚性指标、把公共服务供给当成软指标，重对上负责、而忽视社会成员实际需求的倾向，将公共服务供给数量和质量指标纳入各级领导干部政绩考核体系之中，强化对公共服务项目的考评，并逐步提高其权重。

3. 把公众满意度作为干部政绩考核的重要因素

在各级政府履行公共服务职能的过程中，要防止出现各种形式主义、“形象工程”和“政绩工程”。要针对公共服务的决策、执行、监督等各个环节，建立满足公众公共服务需求的利益表达机制，将公众满意度纳入各级领导干部政绩考核体系，使广大社会成员的评价成为影响领导干部升迁的重要因素。

二、加快推动农村土地制度改革

从实际情况看，尽快赋予农村土地使用权的物权属性，是实现农民财产权的关键一招，也是推进新型城镇化的重大任务。为此，要把推动农地物权化改革作为规范地方政府行为的重点任务之一。

1. 农村土地使用权物权化改革的迫切性日益增强

2007年10月，我国颁布实施的《中华人民共和国物权法》把土地承包经营权、建设用地的使用权、宅基地使用权明确界定为“用益物权”。近年来，我国多地开始探索农村土地产权制度改革，农村土地使用权的物权化、资本化的属性已经显现。例如，成都、重庆多年前就开始进行农村土地确权和交易制度改革试点，取得了比较好的效果。还有一些地区以土地入股、土地股份合作社和抵押贷款等方式，推动了农村土地承包经营使用权资本化，为农民带来了土地资本收益，维护了农民的土地财产权，增加了农民财产性收入。同时，也开辟了一条城乡统筹发展、协调发展的新路。

专栏7.1　部分地区土地资本化模式

（1）益阳模式：“政府信托”集中农户分散的土地。2009年，湖南省益阳市开始在沅江市草尾镇试点“土地信托流转”模式，通过“政府信托”的方式将农户分散的土地集中起来，再以合同方式流转给农业公司或大户。“益阳模式”关键是保障农民和大户双方利益的长期稳定，让农民有固定收益、让大户放心投入。“益阳模式”与传统流转有三方面的不同：首先是通过“三角形”关系形成了更为稳定的土地流转契约关系，农民把承包经营权信托给政府后，在随意退出方面受到制约，而且这种信托关系还可以继承，具有稳定和长期的特性；第二，政府作为“中间人”，积极发挥整合项目、提高土地资源利用效益等功能；第三，可以兼顾多方面利益特别是保障农民的利益，政府在土地流转中起到了“稳定器”作用。

（2）鲁皖模式：土地托管实现规模经营。随着工业化、城镇化加剧农村优质劳动力外流，土地托管服务社在当地部分农村逐渐流行。土地托管不改变农民土地承包经营权，只是将管理权委托给合作社或种粮大户。合作社为农民代管粮田，农民购买服务，促进了农业增效和农民增收。最初的土地托管分为半托与全托两种形式，目前全托已经逐渐占据主流。半托是农户根据自己的需要选择部分服务项目；全托则是合作社包揽了小麦耕种、浇水、施肥、打药、收割等全部环节，农民只需向合作社支付服务费用，收获的粮食仍归农户。合作社各服务项目明码标价，不高于农户单干的成本，粮食亩产承诺不低于农户单干的产量。土地托管成为农民自发向规模经营体制过渡的有效形式。

（3）焦作模式：聘用“职业农民”。河南省焦作市农民合作社近年来蓬勃发展，一些合作社大规模流转耕地，实行专业化、集约化生产，聘用“职业农民”，迅速整合产业要素，出现公司化发展势头。规模化生产使农产品原料供应有了充分保障，一些企业为了进一步把农田变成“第一车间”，纷纷领办合作社，将“公司+农户”模式改造为“公司+合作社+基地”模式。

资料来源：熊金超，等．资本化之变［N］．经济参考报，2012-09-14：（A05）．

2. 建立健全农村土地增值收益分配机制

制定农村土地增值收益的合理分配原则，彻底解决农村土地增值收益“绝大部分归政府，极少一部分归农民”的分配格局，提高农民在土地增值收益分配中的比重。为此，第一，借鉴我国台湾地区的经验，建立“区段征收”的制度，以用地模式改革促进土地增值收益合理分配；第二，建立土地基金制度，将一定比例的土地收益集中起来，用于平抑经济波动对地方财政收入的影响；第三，尽快叫停农民进城用“土地换社保”“双放弃换市民”等做法，将被征地农民纳入城镇社保体系；第四，探索就地安置、土地入股等多种形式，确保农民长远受益。

3. 实现农民住房财产权的完整产权

随着我国户籍人口城镇化进程加快，农民宅基地的商品化将成为趋势，房屋租售将成为农民财产性收入的主要来源之一。另一方面，由于城市商品房价格居高不下，城市居民到农村购房的市场空间越来越大。这是当前各地小产权房加速蔓延的重要因素。如果仅仅采取禁止的办法，不仅不利于农民财产性收入的增长，也不利于新型城镇化进程。为此，需要尽快改变现行法律规定农民宅基地“一户一宅”“转让仅限于村集体内部”的半商品化现状，建立城乡统一的土地交易市场，赋予农民宅基地及其房屋所有人以完整的物权。

4. 从法律上明确农民土地用益物权

我国《物权法》明确规定，“用益物权是指用益物权人对他人所有的不动产或者动产依法享有占有、使用、收益的权利”。当前，应该抓住全面深化改革的历史机遇，在总结各地农地产权制度改革试点经验的基础上，尽快修订《土地管理法》，实现农地抵押权、担保权在内的农民土地使用权的完整物权性质。

三、推动经济司法去地方化、去行政化

很长一段时期，在 GDP 增长主义和竞争性地方政府模式下，一些地方政府常常为了本地区的经济增长，在经济生活领域以行政干预司法。推动经济司法去地方化，是打破人为市场分割、建立各类市场主体公平竞争的市场环境的重要保障。

1. 推动经济司法去地方化

（1）割断经济司法权与地方利益的联系。司法部门应该成为社会公平正义的守护者，法官应该成为社会良知的探索者。必须改变经济司法权与地方经济利益挂钩、受地方经济利益左右的现状，实现审判权、检察权的独立公正行使。

（2）形成竞争性地方政府的制度约束。按照经济转型升级的客观要求，在推动经济增长方式由政府主导向市场主导转变上实现重大突破。

（3）维护全国统一的市场体系。经济司法不仅不应该分割国内大市场，还应自觉维护全国大市场的公平竞争秩序，自觉创造法治化的营商环境。

2. 建立中央地方双重法院体制

（1）明确中央地方双重法院的分工。按照迟福林教授等人的建议，尽快建立中央地方双重法院体制。中央法院专门负责税收、金融、破产、土地、涉外和知识产权等领域的经济案件审理，以克服经济领域司法的地方保护主义；一般民商事案件与治安刑事案件、家庭婚姻案件、财产继承案件、青少年犯罪案件等由地方法院负责。

（2）法院系统省级垂直管理。基层法院和中级法院由省、自治区和直辖市垂直管理；铁路、林业、农垦法院等专门法院全部并入地方法院系统。

（3）强化司法权的独立公正行使。设立独立的行政法院、破产法院、治安法院等专门法院；在法院内部权力配置上，实现行政与业务相分离，推进审理权与裁判权合一的改革；司法经费独立预算，并由中央财政专门拨付。

3. 推动司法体制去行政化

（1）实现省以下地方法院、检察院的人财物统一管理。尽快建立司法机关人财物与行政区划适当分离的司法管辖制度，将司法机关的人财物由中央统一管理，将司法经费单列，列入中央预算，经全国人大批准后，中央财政统一拨款，由最高司法机关统一支配和管理。上级法院在人财物上管理下级司法机关，防范司法受到地方政府的不当干预。

（2）实现司法机关内部去行政化。当前，司法部门上下级之间、司法部门内部的运作和管理上，都存在着高度的行政化倾向。为此，一是要尽快取消上下级法院之间的案件请示、批复制度，保证各级法院独立审判；二是要重塑司法职能，剥离各级法院司法行政权和判决的强制执行权，使司法回归基本的裁判争议职能。

（3）实现司法人员管理去行政化。建立符合职业特点的司法人员管理制度。法院内部取消对法官的行政管理方式，建立薪酬独立、管理独立的法官管理体制，推进法官职业化，保障法官独立公正行使审判权。法官遴选、任免、升迁、惩戒由法院系统设立的司法委员会决定。

四、全面推行以预算公开为重点的政务公开

公开是约束政府行为最有效的手段之一。全面推行以预算公开为重点的政务公开，让各级政府的行为充分暴露在社会公众监督之下，形成“权力制约权力”和“社会监督权力”的合力。

1. 全面推行财政预算公开

（1）全面实施财政预算公开制度。近两年来，政府“三公经费”公布得越来越细，得到社会各界的广泛赞许。但是广大公众反映预算公开的科目仍然过粗，难以看懂预算资金的去向和用途。例如，2015 年“两会”期间，人大代表对诸份报告的审议中，对预算草案的反对票和弃权票最多，反映出某些人大代表对政府预算仍不满意。随着政府负面清单、权力清单、责任清单的公布实施，政府

的权力与责任将更加明晰、规范，行政权力的运行也将更加科学有效。未来几年，要全面推行预算公开。

（2）拓宽财政预算公开的范围。按照《预算法》的要求，进一步细化财政预算公开科目。除涉密信息外，按功能分类（分为类、款、项）财政预算支出全部细化公开到“项”级科目，按经济性质分类（分为类、款）公开到“款”级科目；所有财政资金安排的“三公”经费均要向社会公开。

专栏 7.2 河南焦作财政预算公开的主要内容

2008 年，焦作市在一系列体制框架和制度保障的基础上，编制了八大项市级预算，覆盖了全部政府性资金，分别是：

（1）部门预算。包括市级部门预算编制说明、市级部门预算总表、公用经费支出、行政事业性项目支出、财政基本建设项目投资计划等。同时严格按财政“精细化管理”的要求编制部门预算明细表，各单位的支出按办公费、差旅费、业务招待费、培训费、水电费等明细全部列出。

（2）社会保障预算。内容涵盖各项社会保险基金、专项社会保障资金、政府公共预算安排的社会保障资金及某些属于社会保障性质的资金。

（3）政府债务预算。编制内容包括政府债务当年整体状况和预算年度举债规模、偿还情况、政府债务收支预算、政府债务偿还资金来源预算、政府债务项目支出明细等。

（4）国有资本经营预算。根据国务院有关规定，该预算涵盖了焦作市国资办重点监管的 24 家企业（单位）资本性收益收支预算、产权处置收益收支预算和市直部分行政事业单位国有资产收益收支预算。

（5）国有土地基金预算。即市级政府国有土地使用权出让收支预算，包括收支总表、收入预算表和支出预算表。

（6）政府采购预算。按照政府采购资金来源的不同，分为部门预算安排项目、部门预算安排生产建房性项目、单位自筹资金安排项目和医疗设备、器械项目四部分。

（7）政府非税收入预算。包括市级非税收入预算总表、政府性基金收入预算表、行政事业性收费收入预算表、国有资产管理收入预算表和其他收入预算表。

（8）住房公积金预算。包括焦作市住房公积金归集使用及业务收支预算表、委托贷款预算表和基金收支预算表。

资料来源：河南省焦作市推行财政预算公开的实践［EB/OL］. 焦作网，2010-04-02.

（3）强化人大对财政预算的审查监督职能。通过预算公开约束政府行为，关键在于建立一套科学有效的监督审查机制，为预算公开构筑一道“防火墙”。确保预算公开的真实性、准确性，建立起严格的预算审查制度。

（4）建立健全财政预算的绩效评估机制。全面推进预算绩效管理，逐步将绩效管理覆盖各级预算单位和所有财政资金。为此，一是审计部门加强对财政专项资金、部门预算资金使用的绩效进行审计，并将审计结果向人大常委会报告，最大限度地提高财政资金的使用效率和效益；二是建立财政资金支出绩效评价体系，鼓励第三方机构参与评估，并建立相应的行政问责机制；三是建立“谁使用、谁负责”的责任追究机制，对虚报、冒领、挤占、截留、挪用、滞留财政资金等违纪违法行为，按照预算法等相关法律规定严肃处理。

2. 探索推行官员财产公开制度

（1）以官员财产公开预防腐败。财产公开被认为是从源头治理腐败的关键。从国际经验看，官员财产公示制度被称为阳光法案，早已被国际社会公认为卓有成效的反腐举措。在我国，国家层面早在20年前就开始研究官员财产公开制度，但至今相关的法律法规仍未出台。从近两年反腐的经验教训来看，实现官员财产公开，不仅能从源头上有效预防腐败，还能更好地保护官员。建设廉洁政府，从源头上建立预防腐败的体制机制，关键在于全面推行官员财产公开，用制度管权、管钱、管人。

（2）率先推行新任官员财产公开。落实中共十八届三中全会《决定》“完善领导干部报告个人有关事项、任职回避等方面法律法规，推行新提拔领导干部有关事项公开制度试点”的精神，尽快研究制定各级政府新任官员财产公开制度，凡是组织部门准备提拔的官员，都要求其必须向社会如实公开本人和其配偶、子女等近亲属以及共同生活的其他家庭成员的财产信息，接受公众监督；对官员不明来源财产进行认真核查，如涉嫌违纪违法的，交由司法机构按现行法律、法规处理。

（3）研究制定官员财产公开的配套政策。推行官员财产申报与公开，但如果官员可以随意将财产落在他人名下，财产申报与公开就没有实质性意义。为此，一是完善金融系统实名制，政府官员财产的持有、流动、转换或交易，均要通过金融机构，明晰官员财产来源；二是建立预防资金外逃的制度，加强国际反腐合作，严防“裸官”；三是建立官员财产公开的监督审查与责任追究机制，对官员拒报或不如实申报行为视情节轻重给予党纪、政纪处分，对涉嫌贪腐行为的官员依法移交司法机关处理。

（4）研究出台《官员财产申报法》。将官员财产公开纳入法治化轨道，通过立法实现官员财产公开的制度化、规范化。为此，全国人大需要尽快启动《官员财产申报法》立法程序，争取在2025年前颁布实施；该法律应包括官员财产申报的内容（包括收入、动产、不动产、债权、债务等）、申报对象（全体公务员）、申报程序、受理机关、申报时间、申报信息的转送程序、社会监督、对虚报财产行为的惩戒，以及财产申报的监督和公开机制等。

3. **全面推进政务公开**

（1）坚持以公开为常态、不公开为例外的基本原则。政务公开是保障公众知情权的基本要求，也是社会监督权力的基础。尽管我国从2008年开始实施《政府信息公开条例》，政府也一直在公开信息，但是未达到预期效果。积极落实中共十八届四中全会《决定》“坚持以公开为常态、不公开为例外原则，推进决策公开、执行公开、管理公开、服务公开、结果公开”的精神，各级政府要将政务公开作为常态化工作，凡是不涉及国家机密、商业秘密或个人隐私的政府信息，都应及时向社会公开。

（2）突出政务公开的重点。落实中共十八届四中全会《决定》“重点推进财政预算、公共资源配置、重大建设项目批准和实施、社会公益事业建设等领域的政府信息公开”。在财政预算公开上，各级政府“三公”经费都要详细公布，政府预决算全部公开到支出功能分类的“项”级科目；在预防腐败上，由点到面，逐步实现全体官员财产信息公开；在公共资源配置领域和重大建设项目上，全面公开政府采购、征地拆迁等涉及公共利益的信息；在社会公益事业领域，全面推进教、科、文、卫、体、社会保障、环境保护等信息公开。

（3）加快推进政务公开信息化。随着信息技术的快速发展和我国“互联网+”时代的到来，不断创新政务公开的方式和手段，全面提升政务公开的实际效果。一是加强互联网政务信息数据服务平台和便民服务平台建设，要把政府门户网站办成实施电子政务的主平台；二是大胆利用新媒体传播政务信息，充分利用微信、微博、移动客户端等社交网络和即时通信工具传递政务信息，鼓励和支持各级政府建设微信公众平台，增强政务公开的舆论引导作用；三是加快推行网上电子审批，借鉴欧美发达国家电子审批的做法，与行政审批制度改革相结合，积极推广网上电子审批，加快实现网上办理审批、缴费、办证、监督以及联网核查等事项，全面提升政府门户的公共服务水平。

从实践看，要调整城乡间、区域间和不同群体之间的基本公共服务差距，涉及中央与地方事权、财权的调整。现实的情况是，中央统一出台政策，由各地方政府提供服务，结果是经济发展水平越高的地区基本公共服务水平也越高，由此加大了区域之间的差距。在新型城镇化的背景下，解决基本公共服务不均的问题，应该合理划分中央与地方的公共服务职责，明确各级政府的责任。总的看法是，把基本公共服务职责适当向中央集中，由中央统筹平衡各地的基本公共服务标准，从而缩小各地基本公共服务水平差距。

第八章　以形成有效的地方治理为重点改革中央地方财税关系

推进以人为核心的新型城镇化，关键是地方政府在保障人们基本的生存权、发展权，为城乡居民提供基本而有保障的公共服务方面承担主要职责。问题在于，分税制改革以来，地方政府的财权逐步上收，加之实行以经济总量为导向的政绩考核制度，使得地方政府重经济治理、轻社会治理的特点突出，把做大地方 GDP 作为获取更多财源的主要渠道，不仅造成地方政府在公共服务上欠账，而且还积累了一些矛盾与风险，不利于地方经济社会的可持续发展。客观地看，提升户籍人口城镇化率，需要把形成有效的地方治理作为改革中央地方财税关系的重点，以此推动地方政府在公共服务上有更大的作为。

第一节　新型城镇化依赖于有效的地方治理

城镇化是我国未来经济发展的最大潜力。未来 5~10 年，我国正处在由规模城镇化向户籍人口城镇化转型的关键时期。实现这一转型，关键在于改革中央地方财税关系，形成稳定的地方税源，实现地方治理的有效性。

一、新型城镇化背景下地方治理转型的迫切性日益增强

城镇化离不开有效的地方治理。我国城镇化的实践表明，地方政府重经济治理的发展模式在推动城镇经济快速发展过程中起到了重要作用。但在今天，随着我国由中等收入向高收入行列迈进，尤其是在户籍人口城镇化的大趋势下，过去这种以经济治理为重点的地方治理模式越来越难以持续，需要尽快推动地方治理转型。

1. 城镇化是中国经济发展最大的潜力

（1）我国城镇化正处在快速发展阶段。从国际经验看，城镇化率处在30%~70%的水平是城镇化快速发展的阶段。2017年，我国常住人口城镇化率为58.5%，正处于快速发展阶段。从全国31个省市区的情况看，只有北上广等少数省份的城镇化率超过60%，其他绝大多数省份的城镇化率低于全国平均水平（见图8.1）。而目前，我国户籍人口城镇化率仅为42.3%。考虑到2020年的发展前景，我国户籍人口城镇化率的合理区间应该在45%~50%。

（2）扩大内需、拉动消费的主要潜力在于新型城镇化。城镇化与消费增长之间存在着紧密的互动关系，尤其是农业富余人口向城镇转移能带来巨大的消费增长效应。根据迟福林教授的预测，到2020年，我国名义城镇化率提高6.3个百分点，将带来8800亿元左右的新增消费规模。[①] 可以判断，未来几年，推进新型城镇化与乡村振兴相融合，有望拉升近14亿人的消费需求。

---

① 迟福林．转型抉择——2020：中国经济转型升级的趋势与挑战［M］．北京：中国经济出版社，2014：69.

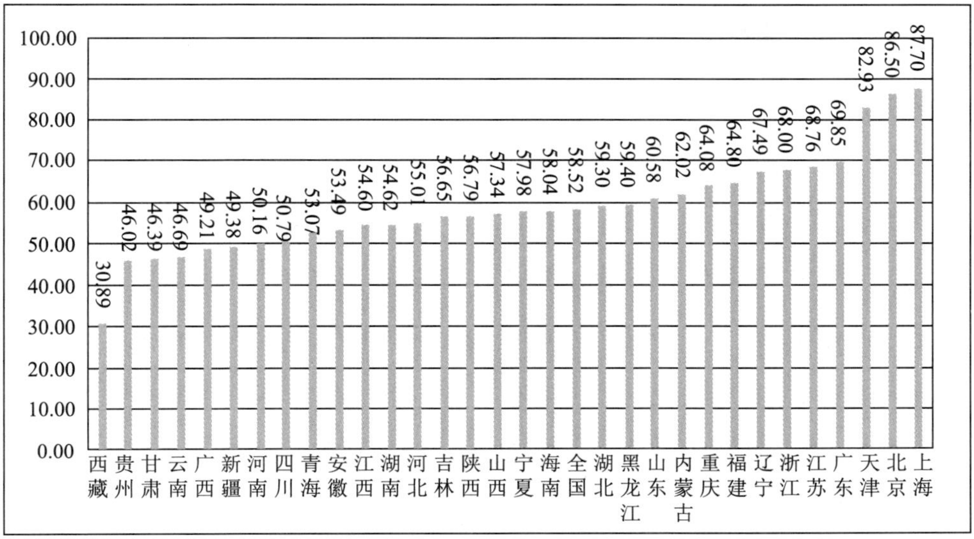

图 8.1 2017 年全国 31 个省市区城镇化率（%）

数据来源：根据《中国统计年鉴 2018》数据绘制。

（3）经济转型升级倒逼城镇化转型。当前，我国城镇化的主要矛盾在于户籍人口城镇化水平比较低，在经济转型升级的大背景下，如果继续走以做大 GDP 总量为目标、以土地批租为主要特点的传统规模城镇化发展道路，不仅很难持续，而且难以支撑可持续的经济增长。

2. 新型城镇化需要大量的公共服务投资

（1）基本公共服务的投资需求巨大。进入发展型新阶段，人们对城镇化中的就业、安居、生活品质、社会保障等需求全面快速增长，能否适应全社会需求结构变化，决定着城镇化发展的品质。在传统人口红利逐步衰退的背景下，加大教育、医疗等公共服务领域的投资对提升全要素生产率至关重要，由此将带来巨大的投资需求。麦肯锡的一份报告显示，到 2020 年，中国医疗卫生市场总规模将突破17万亿美元，成为全世界增长最快、最强劲的医疗市场之一。更为重要的是，建立城乡统一的公共服务体制，逐步缩小区域间、城乡间、不同群体间的基本公共服务差距，需要大量的财政投入。

（2）环境治理的投资需求巨大。当前，我国环境污染问题已相当严重，水污染、空气污染和土壤污染已成为我国突出的三大环境“杀手”。有专家估算，我国每年水污染造成的经济损失达2400亿元。近几年来，一些地方政府在治理环境上少则投入数亿元，多则投入近百亿元，但治理效果并不理想，而且各种环境事故频发。根据原环保部的估计，“十三五”期间，我国环保市场的总投资额有望达到17万亿元。①

（3）基础设施建设投资需求巨大。以人为本的城镇化将带来巨大的市政公共设施投资需求。巴曙松（2013）的测算显示，“如果城镇化率继续保持每年增长1个百分点，那么2015年城镇化率将达到55%，同时产生11.2万亿元的基建资金需求；到2020年城镇化率达到60%，2012—2020年会共产生27.8万亿元的基建投资需求”。②

3. 农民工市民化需要大量的财政投入

推进以人为本的城镇化，需要把解决农民工的公共服务作为政府的重要职责，需要“让农民工成为历史”。从现实情况看，基本公共服务投入是农民工市民化的主要成本。农民工市民化到底需要多少投入，不同研究成果的测算结果不同。例如，根据《中国发展报告2010》测算，当前农民工市民化的平均成本为10万元左右。而国

① “十三五”环保投资将达17万亿［N］. 北京商报，2015-09-25：（02）.

② 巴曙松. 新阶段城镇化带来投资需求［N］. 中国经济时报，2013-02-27：（A03）.

务院发展研究中心通过对重庆、嘉兴、武汉、郑州 4 个城市的调研和测算，结论是农民工市民化的人均成本在 7.7~8.5 万元。[①] 无论是 10 万元还是 8 万元，要解决 2.87 亿农民工这个庞大的群体市民化，需要巨大的财政资金投入。

二、实现地方治理由重经济向重公共服务转型

分税制以来形成的地方治理模式，在做大地方 GDP 的同时，也为地方可持续发展埋下了隐患。第一，由于地方政府重经济、轻公共服务的特点突出，致使地方政府公共服务供给严重不足与不均等现象较为普遍，城乡之间、区域之间、不同群体之间的公共服务差距仍然较大；第二，农村富余劳动力向城镇流动，大量农民工为城镇建设做出了重要贡献，但他们却难以真正融入城镇生活，在城乡之间来回“摆动”；第三，在 GDP 导向的发展模式下，地方政府把做大 GDP 作为自身的主要职责，忽视了环境保护，造成今天环境问题日益严峻。在新型城镇化的背景下，政府有责任让城乡居民享受到良好的公共服务、呼吸到清洁的空气、喝到干净的水、吃到放心的食物，这就要求实现地方治理由重经济向重公共服务转型。

1. 加大公共服务领域的财政投入

《国家基本公共服务体系“十二五”规划》首次明确提出基本公共服务的范围、国家基本标准，明确到 2020 年基本实现基本公共服务均等化，即不论贫富、性别、地域都可以公平地获得基本公共服务。为此，需要大量的财政投入。在明确中央与地方公共职责的基础上，中央政府要统筹制定基本公共服务的统一标准，地方政府

① 王炜，刘志强．农民工“市民化”成本有多高？[N]．人民日报，2011-03-31：(17)．

要加大公共服务领域的投入力度，对于落后地区和欠发达地区，中央政府要加大转移支付力度，从而有效缩小城乡之间、区域之间和不同群体之间的差距。

2. 加大环境治理力度

良好的环境是人们的基本生存权，尤其是进入发展型新阶段，广大社会成员的发展型需求全面快速增长，对良好生态环境的需求全面提升。适应人口城镇化的大趋势，地方政府需要把生态环境治理作为一项基本公共职责，在推动高质量发展的过程中加大环境治理力度。为此，需要进一步总结、推广湖南省株洲市两型社会建设的经验，实现经济社会的协调发展。

专栏 8.1　株洲走出一条传统工业城市两型化的新路
株洲市作为国家“一五”“二五”时期重点布局建设的老工业基地，经济发展方式曾带有“高投入、高能耗、高碳排”的粗放特征，造成资源浪费、环境污染、生态恶化等多方面的问题。自 2007 年长株潭城市群获批全国两型社会建设综合配套改革试验区以来，株洲牢牢把握资源节约、环境友好的发展要求，致力于打造以现代工业文明为特征的生态宜居城市，初步形成两型社会的新格局： （1）城市环境面貌得到根本改观，实现由“全国十大空气污染城市”向国家卫生城市、国家园林城市和中国优秀旅游城市的蜕变，并获得全国文明城市提名资格； （2）产业结构转型升级明显加快，两型产业加快发展的局面初步形成，由一个曾出现资源外流的城市变成了“中国十大最具投资价值城市”； （3）城乡环境同治的新格局逐步形成，以两型社会建设统筹城乡发展的势头初步显现，城乡发展差距逐步缩小； （4）全社会发展理念发生根本性转变，绿色发展理念深入人心，形成全社会参与两型社会建设的合力。

资料来源：中国（海南）改革发展研究院课题组．以两型社会为主题的绿色发展之路——株洲市的两型社会建设综合配套改革试验［R］. 2014-08.

3. 彻底解决农民工市民化的问题

中共十八大报告提出，“有序推进农业转移人口市民化，努力实现城镇基本公共服务常住人口全覆盖”。在今天，无论是从现实需求还是发展趋势看，加快推进农民工市民化的问题越来越迫切，这不仅仅是个经济问题，更是个社会问题；尤其是在当前全面实施居住证制度的背景下，彻底解决农民工市民化的时机与条件已经基本成熟，需要中央层面下决心实现体制突破，并建立中央与地方成本分摊机制。

三、以改革中央地方财税关系加快形成有效的地方治理

适应新型城镇化与乡村振兴相融合的大趋势，以公共服务为导向改革中央地方财税关系，培育稳定的地方税源，不仅对形成有效的地方治理，而且对推进户籍人口城镇化具有重要意义。

1. 确立中央地方财税关系改革的新思路

分税制改革极大地调动了地方政府发展经济的积极性，并在扩大经济总量、推动地方发展中起到了重要作用。但是今天，现行中央地方财税关系与城镇化转型发展的大趋势越来越不适应：一是由于中央地方事权与财力不相匹配，地方政府公共服务能力不足，不利于扩大内需；二是经济结构正向服务业转型升级，但在现行中央地方税制下，服务业与工业税收严重不平等，服务业“营改增”尚未全面完成；三是经济结构调整需要结构性减税。为此，需要尽快确立中央地方财税关系改革的新思路：第一，服务于服务业主导的经济转型大局，全面完成“营改增”；第二，实现中央地方事权与财力相匹配，进一步深化分税制改革，赋予地方政府稳定的税源；第

三，切实降低市场主体负担，实行中小企业结构性减税。

2. 确保地方政府履行公共服务职能必要的财力

（1）适度扩大地方政府增值税分成比例。考虑到“营改增”后地方政府的财力问题，可以适度扩大地方政府在增值税中的分成比例，确保地方政府履行公共服务职能必要的财力，地方财力配置还应重点向基层政府（县、市）倾斜。

（2）将新增直接税作为地方政府稳定的财源。从发达国家的经验看，以直接税为主的地方税制，有利于形成有效的地方治理。如物业税作为地方主要税种，是按照房地产市场价格既定比例征收的，地方政府为居民提供的公共服务越多，房价就越高，地方政府就越能够增加财政收入，从而形成良好的地方治理。一个基本考虑是，在中央地方税制改革过程中，可以把新增加的物业税、个人所得税等更多地划归县（市）基层政府，作为地方政府稳定的税源。

（3）建立以一般性转移支付为主的转移支付体系。从国际经验看，在基层政府将公共服务作为主要责任的条件下，直接转移支付比专项转移支付的效率更高。应充分考虑全国各地区的财力差异，确定基本公共服务均等化的财力标准体系，建立公式化、以直接转移支付为主的转移支付体制，形成依据经济社会发展情况自动调整转移支付资金数量的机制。

第二节 建立事权与支出责任相适应的制度

与事权划分相适应，应该明确中央与地方政府的财权。从实践看，有效的地方治理需要按照事权划分承担和分担相应的支出责任。在城镇化转型的背景下，需要同步出台各级政府的权力清单、责任清单和财政支出清单，由此实现各级政府的事权与支出责任相适应。

一、实现政府事权与支出责任相适应

当前，中央与地方政府公共服务职能交叉重叠、事权与支出责任划分不合理的现象较为突出，不仅影响了各级政府履行公共服务职能的效果，而且不利于基本公共服务均等化的早日实现。为此，需要尽快实现各级政府事权与支出责任相适应。

1. 尽快出台中央与地方政府财政支出清单

按照中共十八届三中全会《决定》要求，尽快科学、清晰地界定和出台各级政府的财政支出清单：属于中央事权的支出，明确由中央财政承担；属于地方事权的支出，明确由地方财政承担；属于中央与地方共同事权的支出，明确各级政府的资金分担比例。例如，尽快确立农民工市民化的成本分担机制，中央与地方政府各自该承担多少，应该明确划分。

2. 适度加强中央的事权和支出责任

（1）中央政府承担的支出责任偏少。总的看，我国中央政府财

政支出占财政总支出的比重偏低。2014 年，我国中央财政支出占财政总支出的比重仅为 14.9%，远低于 2009 年 OECD 成员国中央支出非加权平均值的 46%，美国的 54%，英国的 72%，日本的 40%。①以社会保障支出为例，发达国家中央政府支出中社会保障支出占比一般在 30%以上，而我国仅占 3%左右，甚至低于一些发展中国家（见表 8.1）。

表 8.1　部分国家社会保障支出占中央政府支出的比重

国　别	年　份	社会保障支出占比（%）
中　国	2012	3.12
韩　国	2008	21.11
泰　国	2011	17.86
南　非	2009	14.55
墨西哥	2000	20.12
美　国	2010	32.24
俄罗斯	2010	37.71
西班牙	2010	48.36
澳大利亚	2011	32.97

数据来源：根据《国际统计年鉴 2013》和《中国统计年鉴 2013》整理得出。
注：中国数据是中央财政支出中的“社会保障与就业”比重。

（2）中央政府应上收部分事权并承担更多的支出责任。按照中共十八届三中全会《决定》要求，“中央和地方按照事权划分相应承担和分担支出责任”。考虑中央政府统筹全国性公共服务，可适度加强中央事权和支出责任，率先将食品药品安全、基础养老金统筹等上收为中央事权，由中央财政统一安排支出。

① 贾康．合理设计“抽肥补瘦”的转移支付制度［N］．中国证券报，2013-12-23：（A06）．

3. 完善中央对地方政府的转移支付体系

（1）建立健全一般性转移支付增长机制。加大一般性转移支付力度，争取到2020年，将省级一般性转移支付占比提高到70%以上，实现更多的省级转移支付资金由基层政府（市县）根据地方实际自主理财；健全一般性转移支付增长机制，重点加大对中西部贫困落后地区、民族地区、革命老区的转移支付力度；按照“保基本”和“强激励”相结合的原则，建立科学规范的省对市县一般性转移支付体系，实行对欠发达地区财政增量返还和协调发展奖励政策，建立完善的市县财政基本公共服务绩效考核机制。

（2）规范专项转移支付制度。借鉴发达国家专项转移的规范做法，建立公共服务专项转移支付制度。公共服务专项转移支付要以促进区域间均衡发展为主要目标，其使用范围要限定在基本公共服务领域。继续加大中央对地方政府履行公共服务职能所需要的专项转移支付力度，进一步清理效果不大、支出不规范的专项转移支付，尽可能将这些不规范的专项转移支付并入一般性转移支付，纳入各级政府预算管理，从根本上改变财政专项资金多头管理、多头使用的格局。新设立的专项转移支付仅限于中央财政的基本公共服务责任；对所有的专项转移支付项目全面采取国库集中支付制度，加大监管力度，逐步提高专项转移支付资金使用效益。

（3）改变地方财政收支增幅与GDP挂钩的机制。GDP导向的政绩观不破除，地方政府就很难摆脱对GDP的依赖。这就需要按照基本公共服务均等化的要求，加大中央对地方公共服务的转移支付力度，彻底改变地方政府依靠土地财政、债务融资、非税收收入等短期行为获得财政资金的做法。

（4）探索建立横向转移支付制度。基于我国各地财政收入差异较大的客观现实，仅仅依靠省级财政的纵向转移支付很难拉平各个城市之间的人均财力差距。为此，需要积极探索，尽快建立区域内的横向财政转移支付制度。例如，全国人大要尽快研究出台《转移支付法》，加大发达地区对落后地区的财政支持力度，在“对口援建”的基础上，鼓励和支持同级政府间发展制度化、规范化的横向转移支付，用以保证各地政府提供基本公共服务的水平大致相当。

二、调整财政支出结构

财政支出结构不合理已经成为制约政府治理转型的突出因素。适应政府治理转型的大趋势，需要通过调整各级政府财政支出结构、提高国有资本收租分红比例等方式加大公共服务支出，以此奠定治理转型的重要基础。

1. 提高各级政府公共服务财政支出的“两个” 比重

（1）提高基本公共服务的财政支出比重。“十三五”期间要实现教育、医疗、社会保障等基本公共服务支出增长速度不低于“十二五”平均水平，并快于财政总支出的增长速度。争取到2020年，用于教育、医疗卫生、社会保障、就业、保障性住房五项基本公共服务的支出占国家财政总支出的比重提高到50%左右；将国家财政用于城乡个人基本公共服务支出水平的差距控制在30%以内。

（2）提高基本公共服务支出占GDP的比重。到2020年，用于教育、医疗卫生、社会保障、就业、保障性住房五项基本公共服务的支出占GDP的比重提高到15%左右；其中，财政性教育经费支出占GDP的比重提升至5%左右；医疗支出占GDP的比重提高到3%左右；社会保障与就业支出占GDP的比重达到5%左右。

2. 降低各级政府经济建设性支出和行政性支出的比重

（1）降低各级政府经济建设性支出的比重。2013 年，我国经济建设性支出占公共财政支出的比重为 39.7%，高于 OECD 国家 10% 左右的平均水平。[①] 考虑到地方治理由重经济向重公共服务的转型，应该把各级政府经济建设性支出占公共财政支出的比重降低到 30% 以内。

（2）降低各级政府的行政成本。通过使用有限的公共资源实现社会福利最大化，是衡量政府治理有效性的重要指标。1978—2003 年，我国财政收入从 1132 亿元增长到 3 万亿元（增长约 28 倍）；同期行政管理费用则从不到 50 亿元升至 7000 亿元，增长达 87 倍。行政管理支出占财政支出的比重从 1986 年的 10%增长到 2005 年的 19.2%。2006 年，我国行政管理费用占财政总支出的比重高达 18.73%，远远高于同期日本的 2.38%、英国的 4.19%、韩国的 5.06%、法国的 6.5%、加拿大的 7.1%、美国的 9.9%。[②]

适应建设低成本政府的需要，必须大幅降低行政成本。为此，一是尽快出台行政成本削减计划，形成降低行政成本的约束性指标；二是严格控制“三公经费”，研究出台专门的《公务消费法》，明确界定公务消费中的违法犯罪行为，明确预算收支的法律责任；三是严格控制领导干部的职务消费，推行领导干部职务消费货币化改革，将领导干部正常的职务消费纳入个人消费，实行职务消费货币化和超支自负；四是严格控制行政人员编制，实行行政编制与财政体制

① 高培勇．财税体制改革与国家治理现代化［M］．北京：社会科学文献出版社，2014：76-94.

② 唐敏．我国行政成本高出世界平均水平 25% 五大原因造成［J］．决策探索，2010（5）：25.

的联动改革，建立行政超编的责任追究制度。

3. 提高国有资本收租分红比例，用于增加公共服务支出

（1）明确国有资本收租分红的约束性指标。强化国有资本的公益性，一个重要途径是通过提高国有资本收租分红比例，扩大公益性项目支出。按照迟福林教授的估计，使国有企业分红能够逐步承担基本公共服务均等化新增财力需求的30%~40%，即承担2.8-3.7万亿元，“十二五”期间国有企业平均分红比例应该在30%左右。[①]为此，应该将国有资本上缴红利的30%以上用于增加基本公共服务支出。

（2）将国有资本收益重点用于社会福利体系建设。国有资本要区分公益类和商业类，部分国有资本逐步从一般竞争性领域退出，重点转移到公益性领域。第一，着力解决城乡居民“看病难、看病贵”的问题，需要加大新增国有资本在医疗机构建设、医疗设备购买、医护人员培养等方面的投入；第二，着力解决“住房难”的问题，需要国有资本加大保障房领域的投资力度；第三，着力解决“上学难”的问题，需要国有资本加大学前教育和中高等教育的投入力度。

（3）将国有资本纳入全口径财政预算体系。加快国有资本管理体制改革，建立“大国资”体制，逐步将国有资本纳入全口径财政预算体系。第一，逐步把国有资本纳入全口径财政预算管理，进一步增强基本公共服务均等化的财政支出能力；第二，适应大国有资本管理体制的需要，尽快修改《国有资产法》，将金融国有资产、事业单位国有资产纳入，进行统一管理；第三，尽快研究制定《国有

① 迟福林．改革红利——十八大后的转型与改革［M］．北京：中国经济出版社，2013：72.

企业收租分红条例》，明确国有企业收租分红比例，在目前最高10%的基础上争取逐年递增，争取到2020年提高至30%以上，为实现基本公共服务均等化提供重要的财力保障。

三、建立农民工市民化的中央地方财政分担机制

从根本上解决农民工市民化问题，需要中央与地方共同努力。未来几年，随着实现农民工市民化的时机与条件基本成熟，需要尽快确立中央与地方农民工市民化的成本分担机制，并建立起农民工市民化的多元分担机制。

1. 建立中央地方农民工市民化的成本分担机制

根据相关调研，地方政府对农民工市民化改革动力不足的原因之一，是认为农民工创造的税收收入大部分已经通过增值税等方式被中央拿走。例如，浙江省2011年对中央财政的贡献达3000多亿元。因此，接纳农民工落户需要解决产业发展和安居的用地问题，并需要中央拿出一部分资金作为补偿。[①] 农民工市民化需要明确中央与地方政府的职责范围：在财力投入上加大中央和省级财政支出，以常住人口作为各级财政分成和转移支付的依据，完善中央财政对农民工集中地区的转移支付制度，形成“以市为主，中央、省政府、市政府分担”的格局；在组织体系上建立以中央和省级政府为责任主体、市县政府负责具体实施和管理的分工体系，为农民工市民化提供强有力的财力保障和组织保障。

2. 建立流入地和流出地的农民工市民化成本分担机制

农民工对城市的贡献巨大。解决农民工市民化的成本，要发挥

① 城市中心调研组：农民工市民化问题调研报告［EB/OL］. 城市中国网，2012-12-21.

中央财政资金的引导作用，推动地方政府转变城市发展导向，把有限的财政资金投入到民生中去，切实解决农民工的公共服务问题。流入地政府要承担更多的农民工市民化成本，主动加强对农民工流出地的经济援助和帮扶。农民工流出地应探索建立土地银行，以农地流转所产生的税收为界予以一定的财政支出，共同分担农民工市民化的成本。[①] 中央应探索农民宅基地指标转化为城镇建设用地指标后如何跨省流转分配，一方面满足流入地的用地需求，另一方面使中西部地区也获得土地增值收益。

3. 多渠道解决农民工市民化

（1）鼓励社会资本参与农民工市民化。这些年来，社会资本在解决农民工子女教育等方面发挥着重要作用，例如，截至 2018 年初，广东东莞全市学校 70%以上为民办，民办学校在校生数量大幅超过公办学校。可以说，社会资本在满足农民工基本公共服务需求上发挥着极为重要的作用。国家应通过积极的财政税收政策、金融政策，启动市场化投资，发挥社会资本在农民工职业培训、住房、子女入学等民生领域的重要作用。例如，廉租房、公租房不需要政府完全垄断起来，可以借鉴深圳等地的经验，通过宅基地确权等制度创新，激励城郊农民、社会资本参与农民工等流动人口的住房供给，这既减轻了政府财政压力，又使农民获得了更多的财产性收入。

（2）企业要承担劳动保障成本。企业要按照“同工同权、同工同时、同工同酬”的原则，严格按照国家相关规定为农民工提供社会保险、劳动保护条件和职业病防治服务，改善农民工的工作条件，加

① 张国胜．基于社会成本考虑的农民工市民化：一个转轨中发展大国的视角与政策选择［J］．中国软科学，2009（4）：56-69.

大人力资本投入，加强技能培训，提高农民工市民化的能力。

（3）农民工要承担市民化的生活成本。在保障农村土地财产权的基础上，最大限度地盘活农村资产，使其成为农民工市民化成本分担的重要来源之一，同时提高农民工的职业技能，增强其融入城市的能力。

第三节 深化税收制度改革，完善地方税体系

全面深化税制改革，完善地方税体系，要按照中共十八届三中全会《决定》的要求，“推进增值税改革，适当简化税率。调整消费税征收范围、环节、税率，把高耗能、高污染产品及部分高档消费品纳入征收范围。逐步建立综合与分类相结合的个人所得税制。加快房地产税立法并适时推进改革，加快资源税改革，推动环境保护费改税”。

一、加大结构性减税力度

推行结构性减税是打破制度性约束、藏富于民的重大举措，有利于增强经济活力、减轻中低收入者负担。继续推进有增有减的结构性减税，进一步加大对现代服务业、新兴产业、中小微型企业、创业创新的减税力度。

1. 结构性减税仍有较大空间

（1）我国实行了一系列结构性减税政策。2008 年的国际金融危

机以来，我国实行了一系列结构性减税政策，包括企业所得税、个人所得税、营业税改增值税等。尤其是在经济下行压力加大的背景下，2015 年 8 月 19 日，国务院常务会议决定进一步加大对小微企业的税收扶持："一是从 2015 年 10 月 1 日起到 2017 年底，依法将减半征收企业所得税的小微企业范围，由年应纳税所得额 20 万元以内（含 20 万元）扩大到 30 万元以内（含 30 万元）。二是将月销售额 2 万元至 3 万元的小微企业、个体工商户和其他个人免征增值税、营业税的优惠政策执行期限，由今年底延长至 2017 年底。"这些税收政策相继出台，对缓解小微企业的困难能起到重要作用。

专栏 8.2　2008 年以来的结构性减税政策

我国在 2008 年底正式提出结构性减税政策，按照政策目标的不同，2009 年以来我国实施了一系列结构性减税措施，具体有以下方面：

（1）企业所得税：①对西部地区 2010 年 12 月 31 日前新办的、可以享受企业所得税"两免三减半"优惠的交通、电力、水利、邮政、广播电视企业，优惠政策继续享受到期满为止；对设在西部地区的鼓励类产业企业减按 15%的税率征收企业所得税；②2010 年 1 月 1 日—2011 年 12 月 31 日，对年应纳税所得额低于 3 万元（含 3 万元）的小型微利企业，2012 年 1 月 1 日—2015 年 12 月 31 日，对年应纳税所得额低于 6 万元（含 6 万元）的小型微利企业，其所得减按 50%计入应纳税所得额，按 20%的税率缴纳企业所得税；③高新技术企业可按 15%的税率进行所得税预缴申报或享受过渡性税收优惠政策。

（2）个人所得税：①从 2011 年 9 月 1 日起，个人所得税工资薪金所得的费用扣除额提高至 3500 元，最低税率从 5%降低到 3%，累进税率层级由 9 级减少为 7 级；②暂对个人储蓄存款利息、购买地方政府债券利息所得、个人投资者取得证券交易资金利息免税。

（3）车辆购置税：对 2009 年 1 月 20 日—12 月 31 日购置的 1.6 升及以下排量乘用车，减按 5%的税率征收车辆购置税，对 2010 年 1 月 1 日—12 月 31 日购置的 1.6 升及以下排量乘用车，减按 7.5%的税率征收车辆购置税。

（4）车船税：自 2012 年 1 月 1 日起，对节约能源的车船，减半征收车船税；对使用新能源的车船，免征车船税。

（5）增值税与营业税：①上调增值税起征点；规定企业购进的设备所含增值税可抵扣，由生产型增值税转型为消费型增值税；②对从事农产品批发、零售的纳税人销售的部分鲜活肉蛋产品免征增值税，对从事蔬菜批发、零售的纳税人销售的蔬菜免征增值税；

③增值税一般纳税人销售其自行开发生产的软件产品，按17%税率征收增值税后，对其增值税实际税负超过3%的部分实行即征即退政策；④从2012年开始营改增试点，逐步扩大试点范围，并将交通运输业、部分现代服务业等生产性服务业征收的营业税在全国改征增值税，并新设置了11%和6%的低税率；从2014年1月1日开始，营改增再次扩围，铁路运输和邮政服务也纳入改革行列；⑤2009年1月1日—2015年12月31日，对农村信用社、村镇银行、农村资金互助社、由银行业机构全资发起设立的贷款公司、法人机构所在地在县（含县级市、区、旗）及县以下地区的农村合作银行和农村商业银行的金融保险业收入减按3%的税率征收营业税；⑥对中国境内单位或个人提供国际运输劳务免征营业税。

资料来源：湖北省地方税务局课题组．对我国结构性减税政策的效果分析［J］．国际税务，2014（3）：51-54.

（2）结构性减税仍有空间。有数据表明，后发达国家宏观税负一般在18%～25%，而我国按全口径的实际宏观税费负担已经超过35%，企业税费负担沉重程度全球第二，仅排在法国之后。[①] 考虑到未来5～10年我国有望进入高收入国家行列，与发达国家相比，仍有较大减税空间。

2. 加大现代服务业的减税规模

在经济增长下行压力增大的背景下推进服务业主导的经济转型升级，需要通过结构性减税来激发市场主体的活力，由此形成“大众创业，万众创新”的市场环境。为此，需要大幅减轻服务业的税负，使在服务业就业的白领阶层尽快成为中等收入者；制定结构性减税的产业目录，以全面推行“营改增”和增值税改革为重点，大幅降低现代服务业、新兴产业、高端制造业的税率，加快形成服务业与工业公平税负的税制结构。

① 周天勇．经济增长的新动力源自改革和创新［N］．中国经济时报．2013-09-17：（A06）．

3. 加大对中小企业和微型企业的减税力度

中小企业是创造就业的主力军，降低中小企业税负，不仅可以鼓励创业，防止资本外流，还能够为提高劳动者的报酬创造条件。考虑到通胀因素和提高中低收入者生活水平的客观要求，在进一步提高个人所得税起征点的同时，应同步降低个人所得税税率，减轻中等收入群体的实际税负；加快有利于中小企业和鼓励创业创新的企业所得税、个人所得税等税制改革，使中小企业减税占服务业、新兴产业减税规模的60%以上。

4. 推进正税清费

（1）全面削减行政事业性收费。随着近两年来简政放权改革的深入，国务院开始全面清理涉企行政事业性收费和政府性基金，进一步为市场主体减轻负担。但根据财政部公开目录，我国仍然有200多项行政事业性收费和政府性基金。争取到2020年，减少1/3以上的行政事业性收费，大幅减少行政管理部门对个体经营户、小微企业的收费，凡是对企业不适当的年检、评比、检查等项目一律取消。

（2）推进社会保障费改税。借鉴发达国家的先进做法，以建立公平可持续的社会保障体制为目标，一是采取“统筹账户以税保障，个人账户以费保障”的模式，加快推进社会保障费改税进程；二是在基础统筹账户费改税后，将企业缴纳的社会保障税率由目前的20%下调到12%左右，最高不超过15%，切实减轻企业负担。

二、全面推进税收制度改革

落实中共十八届三中全会《决定》精神，按照统一税制、公平税负、促进公平竞争的原则，尽快形成税制改革的总体方案与推进步骤。

1. **改革消费税**

（1）启动消费税立法，适时调整消费税征收范围。消费税作为我国的第四大税种，具有促进消费公平、引导消费升级的功能。目前，我国的消费税仅对特殊商品课税，主要为烟酒、化妆品、贵重首饰、小汽车等不利于健康的消费品或奢侈消费品。随着发展阶段变化和社会消费结构升级，需要对奢侈品消费进行重新界定，以避免抑制城乡居民正常的消费升级与消费释放。同时，需要把高耗能产品、部分高档消费品和高档娱乐服务等纳入征税范围。

（2）调整消费税税目与税率。大幅降低生活必需品，非奢侈性、非双高产品的税率，条件成熟时取消征税；对消耗资源、污染环境的双高产品设定较高的边际税率，鼓励居民绿色消费；探索建立与价格联动的消费税税率调节机制。

（3）改进消费税征收方式。目前，消费税的征收环节以生产制造和进口环节为主。这种做法不仅容易削弱消费税调节消费的功能，也难以把消费税转化为地方税种。为此，需要尽快实现消费税在批发和零售环节征收，由向企业征收转为向居民征收，由“价内征收”转向“价外征收”，逐步增加税收透明度。

2. **加快直接税改革**

（1）完善财产税体系。财产性收入已经成为我国中高收入群体的主要收入来源，财产税对于调节收入分配具有越来越重要的作用。问题在于，我国财产税税种过少，遗产税和赠与税至今尚未开征，作为财产税主体税种的房产税比重过低。应尽快研究制定完善财产税体系的改革方案，实现房产税、遗产税、赠与税的联动改革。

（2）加快个人所得税制改革。目前，累进税率和比例税率相结合的税率结构使税负主要集中在工资性收入，造成税负不公，也不适应工资性收入在居民收入中比重不断下降、其他收入比重不断上升的趋势。应加快完成综合与分类相结合的个人所得税改革，加强对工薪收入以外的劳务报酬所得、股息、红利等所得项目的征管；简化所得税税率，减少工薪所得税税率级次；综合考虑不同地区的物价水平，不同家庭的成员结构、赡养负担等情况，扩大抵扣范围。

（3）改革企业所得税。目前，我国企业所得税25%的税率与其他发展中国家相比并不低。尤其是在美欧都在大幅减税的背景下，我国应进一步扩大企业所得税的抵扣范围，将企业捐赠、公益性支出全部纳入税前抵扣范围；进一步提高小规模纳税人标准，形成小微企业的自动减税机制；提高对大型企业特别是国有垄断企业的所得税税率。

3. 加快推进资源税、环境税改革

加快水、能源、矿产资源税费改革，不仅可以为自然资源和环境价格的市场化形成机制创造条件，而且将有效约束地方政府扭曲资源要素和环境价格的行为。当前，重点是推进煤炭等重要矿产品资源税从价计征改革，适当提高其他仍实行从量计征的资源品目税额标准。同时，加快环境税改革，探索开征环境税，实现环境成本内部化，环境税所得用于设立环保专项基金，专门用于我国环境保护事业以及对环境污染重大事件的受害人进行赔偿。

三、完善地方税体系

在明确中央与地方公共职责分工的前提下，需要完善地方税体

系，提高地方财政保障能力，以满足日益增长的公共服务支出，促进财力与事权相匹配。

1. 以消费税、房产税等为重点培育地方主体税种

（1）将消费税作为地方主体税种。当前，消费税的总量占营业税的一半以上，如果将消费税转为地方税种，不仅可以有效补充“营改增”后的地方财力，而且能使地方政府改变投资主导的发展模式。为此，需要逐步将消费税收入划入地方税收，允许地方探索具有地方特色的特别消费税试点，以扩大地方税源。

（2）推动房产税成为地方主体税种。目前，我国房产税仍在试点阶段，税收规模较小。贾康认为，地方政府可以在国家规定的房地产税率之间，选择一个适合当地经济、社会情况的税率。从国际经验看，房产税作为地方主体税种的潜力巨大。应在赋予城乡居民住宅用地永久使用权的前提下，对城乡居民的房产采取“宽税基、低税率”的办法，以合理的价格征税，对多套房产采取累进税率。考虑将房产税和城镇土地使用税合并，取消房产出租按照租金收入缴纳5%的营业税，避免重复征税、税负过度的问题。

（3）将资源税作为中西部欠发达地区的主体税种之一。与发达地区相比，我国中西部欠发达地区的消费税、房产税的税源较小。但这些地区往往都是铁矿石、煤炭、石油天然气等资源能源蕴藏丰富的地区，把资源税作为这些地区的主体税种具有现实意义。应适时扩展资源税征收范围，逐步将资源税扩展到占用的各种自然生态空间，使之逐步成为地方政府的主体税种之一。

2. 赋予省级政府一定的税权

（1）赋予省级政府一定的自主税权。目前，中央和地方共享税

的规模占全部税收收入的比重仍然过大，应调整和减少中央和地方共享税，争取将区域性特征明显、收入来源稳定的税种划分为地方税，为地方财政的运转留下足够的空间。为此，需要赋予地方政府一定的税权，允许省级人大享有对一些地方税的选择权和税率调整权等；允许省级政府通过调节地方税种来稳定财力。

（2）扩大地方政府税收管理权限。根据实际需要赋予地方某些税种的立法权，使地方有权根据各自实际省情开征区域内某些税种，拥有对地方税的征收管理权和部分政策调整权。

（3）适当放开地方政府投融资政策。中央应给予政策支持，在经济发展态势好、经济实力雄厚、政府偿债能力强的地区，有选择地试点发行基本公共服务债券，制定地方债发行的具体政策，以“严格控制规模、明确还款计划、银行独立监管、财政连带担保”为原则，推进地方债的制度创新，为基本公共服务均等化开辟更多可持续的财源。

3. 改革土地出让金制度

（1）土地财政给经济转型升级带来巨大风险。目前，部分省份的土地出让金收入已超过税收收入。土地财政不仅导致地方政府投资扩张，还不断推高地方债、房地产、产能过剩和金融风险。随着建设用地资源的减少和房地产市场的降温，土地财政越来越不可持续。

（2）适时启动开征房产税。房产税的征收可以考虑对已经缴纳过土地出让金的建设用地使用权和尚未入市的建设用地使用权采取差别税率，或对已征收土地出让金的过高部分采取退税的办法，避免重复征税。

（3）将土地出让金等全部纳入预算公开范围，并单列出城镇化发展基金。逐步让地方政府退出经营性用地一级市场的垄断经营，彻底改变地方政府“以地生财”的局面；合理确定土地出让收入在不同主体间的分配比例，将土地出让收入纳入公共财政进行管理，提高土地出让收入的使用效率，减少地方政府对土地财政的依赖。

第四节 以财政省直管县为重点深化省以下财政体制改革

省以下财政管理体制直接关系到地方治理的有效性。在现行市管县的体制下，市与县之间的无序竞争，不仅造成资源的严重浪费，而且不利于地方公共治理。在新型城镇化的背景下，实行财政省直管县，不仅有利于提升县域财政实力、保障城乡居民公平与可持续发展，更重要的是通过财政省直管县可以减少市县之间的“摩擦”，提高行政效能，实现地方治理转型。

一、把财政能力均等化作为省以下财政体制改革的重点

在财政投入继续向基本公共服务倾斜的同时，把推进财政能力均等化作为建设公共财政的重要目标，实现由层级财政向辖区财政的转型。

1. 完善省以下财政体制的迫切性日益增强

1994 年分税制改革以来，全国各地比照中央对地方的税收留成模式，调整了省以下各级财政税收留成比例，省、市、县、乡均按

税种划分，实行层层分税，并建立起相应的财政转移支付体制。客观地看，这一改革在充分调动地方各级政府发展经济积极性的同时，也加剧了地方政府间的经济竞争，造成地区间因经济总量差距引起的财力差距不断扩大，从而导致一些地方政府，尤其是基层政府的财政运转困难，不利于基本公共服务均等化的早日实现。需要以实现地区间财政能力均等化为目标，加快完善省以下财政管理体制。

专栏 8.3　我国省以下财政体制的主要模式

当前，按照集中财力的方式，全国各地省以下财政体制主要可以分为以下几种模式：

（1）分税加共享模式。在按税种划分各级固定收入的同时，设立省与市县共享税种，以保证省级财力的稳定增长。实行此模式的有黑龙江、吉林、内蒙古、北京、天津、重庆、山东、山西、湖北、四川、云南、西藏、贵州、甘肃等 14 个省区市。

（2）分税加增量提成模式。按税种划分各级固定收入，并对市县上划中央“两税”收入增量返还部分，省级财政进行适当集中。实行此模式的有上海、安徽、河北等 3 个省市。

（3）分税加共享和增量分成模式。在分税的前提下，设立省与市县共享税种，又适当集中“两税”返还增量来增加省级财力。实行此模式的有辽宁、河南、湖南、江西、福建、广西、海南、广东、青海、宁夏、陕西、新疆等 12 个省区。

（4）分税加增长分成模式。明确划分各级固定收入，对市县财政收入超基数增长部分，省与市县实行比例分成。实行这种模式的有江苏、浙江 2 个省。

资料来源：李万惠．命令模式——中国省以下财政管理体制的必然选择［J］. 公共经济评论，2007（7、8）：17.

2. 推动层级财政向辖区财政转型

当前，我国各地基本公共服务供给水平差距较大，这种状况有着多方面的复杂原因。其中，层级财政是一个突出因素。在层级财政体制下，地方各级政府关注的焦点在于本级财政预算平衡，从而忽视了辖区内政府间财政能力的均等化，这在很大程度上拉大了各地公共服务供给水平的差距。为此，需要尽快确立辖区财政的理念，逐步建立起辖区财政责任机制。第一，明确各级政府的公共服务支出责任，并按照基本公共服务均等化的要求配置财力；第二，各级政府对本辖区内的各级财政平衡负总责；第三，建立公共财政评价机制，确保各级财政的公共服务支出效果。

3. 建立辖区财政能力均等化机制

（1）合理调整省以下各级政府的财政收入。根据各地的不同情况，合理调整省以下各级政府的财力。从全国来看，对于地区间人均财力差距较小的地区，应该降低省市两级政府财政收入的比重，用以保障基层政府能够获得稳定的财源；对于地区间人均财力差距较大的地区，在提高省市两级政府财政收入比重的同时，加大对困难县、乡的财政转移支付力度，以实现地区间财政能力均等化。

（2）规范省以下财政转移支付制度。在明确各级政府支出责任的前提下，建立省以下财政转移支付制度，切实解决县、乡财政困难。省市两级政府应通过增加一般性转移支付弥补县、乡财政困难，实现县与县、乡与乡之间的财力平衡；省市两级政府要按照基本公共服务均等化的要求分配转移支付资金，体现县、乡财政能力的均等化；转移支付资金的分配要做到公开、透明，保证各地拥有公平的获取权。

二、加快省直管县财政体制改革，推进财政层级扁平化

应加快推进省直管县的财政管理体制，强化省级政府对地方财力分配的调节作用。从我国的现实情况看，可以从“省直管县”和“乡财县管乡用”两个环节推进财政层级扁平化。

1. 把县财政作为省以下财政体制改革的重点

省以下财政体制涉及省、市、县、乡财政之间的关系。从现实情况看，作为农村基本公共服务的责任主体，由于受市管县体制的束缚，县财政能力普遍较弱。在这种情况下，如果不改变现有财政管理体制，即使赋予县级政府更多的财权，也难以形成县财政收入增长的长效机制。近些年来，中央财政加大了对县财政的转移支付力度，尤其是对国家级贫困县的财力补助，在很大程度上缓解了县财力紧张的矛盾。客观地看，如果长期依赖中央财政补贴县财政，就容易深化省市两级政府的辖区财政责任。而近年来各地试点的省直管县财政体制改革不失为一种好的选择。

2. 全面理顺省管县财政体制

在当前财政“省直管县”体制改革的基础上，出台相关鼓励政策，有效解决财政“省直管县”改革中出现的新矛盾。省级政府要进一步向试点县下放行政审批权，调动县级政府的积极性；重新定位市与县的功能，推行市县联动的配套改革。可以考虑分三步过渡到完全的省管县体制：

第一步，当前，加快推进强县扩权进程，适当下放经济社会管理权限，逐步实现省对县财政直管；同时仍维持市对县的行政领导关系，市财政对县财政“只支持不汲取”。省级财政进一步加大对县级财政基本公共服务的专项补助。

第二步，未来 2-3 年，逐步实行市县分治。在财政体制、转移支付、财政结算、收入报解、资金调度、债务管理等各个方面，全面实行“六直接”（预算直接上报、财政直接结算、经费直接安排、项目直接申报、政策直接享有、信息直接获得）。

第三步，到2025年，建立起比较完善的省管县财政体制，并适时推进省直管县的行政管理体制改革。省与县在干部、行政、财政等方面实现全面对接，市、县政府在财政、行政方面完全平等，实现行政扁平化。

3. 深化乡镇财政管理体制改革

（1）乡镇财政管理体制的主要类型。目前，我国县对乡镇的财政管理体制主要有三种形式：一是分税制型，县与乡镇按照事权划分，确定县与乡镇的财政收支范围；二是统收统支型，乡镇所有收入都作为县级财政收入，县财政按照实际情况对乡镇的各项支出进行核定，保证乡镇人员工资和正常运转；三是收支包干型，县与乡镇按照税种划分收入，收支均由县财政核定，实行超收分成、短收不补的财政管理体制。①

（2）推行“乡财县管”改革。1998年以来，乡镇政府债务呈现快速增长的趋势，每年至少增长200亿元，有学者估算目前乡镇债务规模已经超过1万亿元。全国80%以上的乡镇都有负债。② 为了缓解乡镇财政危机，保障乡镇政府履行公共服务职能的能力，2002年，国务院批转财政部《关于完善省以下财政管理体制有关问题的意见的通知》，明确指出“要进一步加强乡财政的管理、约束乡政府行为”。2003年，安徽和县、太和县等九县率先实行“乡财县管”改革试点，到2011年底，全国实行“乡财县管”的乡镇达到2.93万个，占全国乡镇总数的86.1%。③

---

① 王惠平．我国财政管理体制改革回顾及展望［J］．经济纵横，2008（7）：7.

② 乡镇政府还债尴尬：债务规模近万亿 财权基本丧失［N］．中国产经新闻报，2011-11-16.

③ 财政部：2012年县级基本财力保障机制奖补资金超千亿元［EB/OL］．新华网，2012-05-18.

（3）合理确定乡财政管理体制。尽管“乡财县管”对缓解乡镇财力紧张起到了重要作用，但不是所有乡镇都适合采取这种体制。为此，各地应根据实际情况，区别对待，合理确定乡财政管理体制。对经济欠发达、财政收入规模偏小的乡镇，可以采取由县财政统一管理乡镇财政收支的办法；对一般乡镇可以鼓励实行“乡财县管”的方式；对经济较为发达、财政收入规模较大的乡，可以实行相对规范的财政管理体制。

三、优先将农业大县纳入财政省直管县改革

我国目前2800多个县中，50%以上属于以农业为主的经济欠发达县，但农业大县对保障我国粮食安全至关重要。目前，全国有400多个超10亿斤的产粮大县，虽然仅占全国县数的14%左右，但粮食产量却占到了全国粮食总产量的54%。[①] 由于大多数产粮大县以农业为主，种粮效益低，财政收入增长缓慢，财力薄弱，很多产粮大县又是财政穷县。从保障国家粮食安全和提高县级财力水平的要求出发，需要优先将农业大县纳入财政省直管县改革。

1. 明确农业大县的范围与标准

（1）将符合条件的农业大县优先纳入财政省直管县改革。主要应满足三个条件：一是农业比重明显比一般县域要高，非农人口比重低，城镇化率较低；二是经济欠发达，地区生产总值和工业化率远低于全国县域平均水平；三是财政自给率低，对转移支付的依赖度很高。对满足这三个条件的地区，尤其是全国400多个产粮大县，要优先纳入省直接管理县（市）财政体制改革范围。

① “粮丰县穷”怪圈该咋破［N］. 经济日报，2017-01-23：（11）.

（2）明确农业大县的标准。根据中改院课题组的研究，农业大县需要满足以下几个标准，才能纳入省直管县财政体制改革范围：一是地区生产总值低于 70 亿元；二是地方财政一般预算收入低于 3 亿元；三是城镇化率在 20%左右；四是农业增加值占工农业增加值的比重大于 40%。

表 8.2 财政省直管县的评价指标与参考值

指　标	参考值
农业增加值占工农业增加值比重（%）	>40
城镇化率（%）	<20
地方财政一般预算收入（亿元）	<3
地区 GDP 总量（亿元）	<70

数据来源：中国（海南）改革发展研究院．直谏中国改革（咨询篇）［M］．北京：中国经济出版社，2011：44.

2. 建立支农长效机制

（1）加大农村公共服务投入，缩小城乡差距。优先把全国 400 多个产粮大县和符合以上设定标准的农业大县纳入财政省直管县范围，提高农业大县人均财力水平，保障农业大县履行基本公共服务职能的财力需求。到 2020 年，城乡基本公共服务人均财政支出差距控制在 30%以内，完善农村基本公共服务体系，提高农村义务教育、医疗保险、社会保障、公共就业保障水平，显著缩小城乡基本公共服务差距。

（2）明显提升农村基础设施水平，推动城乡基础设施一体化。把大幅提升农村基础设施水平作为实施乡村振兴战略的重点，从人、财、物等多方面给予支持，争取到 2020 年农村基础设施条件得到明显改善。为此，第一，加强农村道路建设。“要想富先修路”，农村道路直接关系到城乡一体化的实际进程，应将城镇道路不断向农村延伸，加快形成城乡道路建设一体化。第二，实现城乡环境同治。从湖南株洲攸县的经验看，城乡环境同治是彻底改善农村生产生活环境的关键一招，攸县经验得到中央、省、市领导的高度重视。应在总结攸县经验的基础上，向全国推广城乡环境同治，彻底改善农村面貌。第三，保障农村饮水安全。在加大农村污水处理的同时，全面实施村村通、户户通自来水工程，实现农村集中供水。

专栏 8.4　株洲城乡环境同治的主要做法

（1）出台农村环境综合整治实施意见。以“村容整洁、生态良好、完美宜居”为目标，相继制定出台《株洲市农村环境综合整治实施意见》《株洲市“清洁家园”工作意见》等 12 个关于农村环境综合整治的指导性意见，指导全市各区县农村环境治理。

（2）推进农村“四清三基两统一化”。四清就是清洁家园、清洁水源、清洁田园、清洁能源；三基就是农村基本不见垃圾、基本消除马路市场、农户基本完成“改水、改厕、改厨、改圈”；两统就是农村垃圾统一分类处置、中心镇污水统一集中处理；一化就是推进路边、屋边、水边“三边”绿化。

（3）大幅度增加城乡环境同治经费。截至 2012 年上半年，市县财政年均直接用于城乡环境同治经费 1.3 亿元，各县（市）区投入城乡环境同治经费年均增长 28%。

（4）建立农村垃圾处理系统。每家农户配备一个垃圾池，按照可回收和不可回收分户分类收集，基本上实现垃圾不出户，并通过“回收、堆肥、焚烧、填埋”四类方法，以户为主，化整为零，就地从简进行处理，严防“垃圾围村”。目前，全市农户垃圾池普及率已超过了 80%，垃圾投放基本入池。

（5）有效控制农村面源污染。严格畜禽养殖场建设，规定 500 头以上规模养殖企业均配套建设养殖废水处理设施，综合利用畜禽废水和废渣，防止畜禽养殖造成水污染；积极引导科学使用农药、化肥，加强农膜和农业用品包装物的管理，促进农村走生态农业之路，减少非点源污染。

资料来源：中国（海南）改革发展研究院课题组．以两型社会为主题的绿色发展之路——株洲市的两型社会建设综合配套改革试验［R］. 2014-08.

（3）鼓励社会资本投资农村建设。加快落实《乡村振兴战略规划（2018—2022 年）》，研究制定出台相关政策，鼓励社会资本投资农村基础设施建设和各类事业，可以采取政府购买服务、PPP 等多种模式；适应新型城镇化发展的要求，引导社会资本发展农村服务业。

3. 完善省与市县间的财政关系

（1）全面推广省直管县财政体制改革。在对农业大县实行财政省直管县体制的基础上，全面推进省直管县财政体制改革试点，赋予县级政府市级经济管理权限和部分社会管理权限。

（2）确保县级政府履行公共服务职能的基本财力。按照“保工资、保运转、保民生”的要求，省级政府对相对贫困的农业大县加大财政转移支付力度。转移支付、税收返还等由省级政府直接核定拨付到县；省财政明确划分市、县财政资金留成比例，确保县级政府履行公共服务职能的基本财力，加快推进区域和城乡间基本公共服务均等化进程。

（3）建立生态补偿机制。与城市相比，县域的生态环境相对较好。加快推进国家主体功能区建设，需要不断扩大在重点流域、森林、重要水源地、矿产资源和自然保护区的生态补偿试点，加大各级财政环境保护投入力度，探索多样化的生态补偿方式，逐步建立起重点领域的生态补偿机制。

无论是从理论还是实践看，财力与事权相匹配是各级政府有效履行公共职责的基本原则。在中央地方合理划分公共职责的基础上，需要中央地方财税体制做出相应的调整，以此才能保证各级政府有效履行公共服务职能。也就是说，推进以人为核心的新型城镇化，不仅需要中央地方公共职责分工的调整，更需要中央地方财税关系的调整，由此才能调动中央与地方两个积极性，才能强化中央政府的统筹协调职能，才能保障地方政府实行有效的地方治理。

第九章　以公共资源均衡配置为目标调整行政区划

中共十六大报告就已提出“坚持大中小城市和小城镇协调发展”，中共十八届三中全会《决定》再次强调这一城镇化发展方针，中共十八届五中全会进一步强调“促进城乡公共资源均衡配置”。从目前的情况看，不仅城市布局不合理的矛盾突出，而且大城市人口越来越多、城市病不断蔓延、中小城市和小城镇人口相对萎缩、公共资源配置不足的局面日益突出，根源在于以行政级别配置公共资源的城镇化发展模式，造成公共资源在大中小城市和中小城镇间配置失衡，导致中小城镇发展严重滞后。未来几年，实现大中小城市和小城镇协调发展的目标，关键在于改变以行政级别配置公共资源的城镇化发展模式，实现公共资源配置均等化。

第一节　中小城镇发展与公共资源配置

改革开放 40 年来，我国实现了城镇化的快速发展，涌现出了北上广深等一批大城市，但同时，由于以行政级别配置公共资源的城市发展模式，使得中西部地区的城镇化发展相对滞后，尤其是一些中小城镇发展严重滞后，形成了鲜明的“两极化”趋势。可以说，不改变按行政级别配置公共资源的城市发展模式，中小城镇发展滞后的局面就很难得到改观。

一、中小城镇发展潜力巨大

有专家认为，城镇化是中国经济发展的最大优势。也有专家认为，城镇化是中国经济发展的新引擎。从我国城镇化发展的实践看，推进以人为核心的新型城镇化，主要潜力在中小城镇。

1. 中小城镇能实现农民就地城镇化

（1）中小城镇吸纳转移人口的能力在增强。从全国各地的情况看，大城市吸纳外来人口和农村人口的“门槛”越来越高，而且由于基础设施的超负荷运转、城市病蔓延、生活成本激增，大城市吸纳外来人口的能力在减弱。相反，中小城镇在吸纳就业、促进城乡基本公共服务均等化等方面的作用逐步提升。有数据显示，在我国已转移的农村劳动力中，乡镇企业等县域中小企业吸纳50%以上，东部经济发达地区农村劳动力在小城镇就地转移的高达90%以上。①

（2）农村人口就地城镇化有着多方面的好处。第一，在现有社会保障制度环境下，农村转移人口能完全享受本地区的公共服务，尤其是子女教育、医疗等问题能有效解决；第二，中小城镇房价相对较低，而我国一线城市房价目前每平方米大都在万元以上，甚至有些二线城市房价也在每平方米万元以上，而以县域为主的中小城镇基本保持在每平米3000元左右；第三，使广大农民离土不离乡，“让居民望得见山、看得见水、记得住乡愁”。

① 蒋华东．农村人口转移重在小城镇化［N］．四川日报，2009-10-20：（14）．

（3）中小城镇与农村的差距较小。与大城市相比，中小城镇与农村的发展差距较小，尤其是社会保障水平差距较小。目前，全国绝大多数县域内农民转为城镇居民基本上消除了户籍限制。未来几年，全国县域范围内有望率先打破城乡二元体制，形成城乡一体化的新格局。

2. 中小城镇化将成为支撑经济增长的重要力量

（1）中小城镇已成为拉动经济增长的重要推动力。2008 年的国际金融危机以来，我国县域经济发展明显提速，在国民经济中占据了举足轻重的地位。据统计，截至 2017 年底，从狭义上看，中小城市直接影响和辐射的区域，总人口达 10.30 亿，占全国总人口的 74.1%；经济总量达到 46.07 万亿元，占全国经济总量的 55.7%。[①] 可以预见，全面深化改革有望释放全国 2800 多个县域中小城镇的内需潜力。

（2）中小城镇拥有巨大的消费潜力。据统计，2017 年，我国城镇居民人均消费支出 24445 元，农村居民人均消费支出 10955 元，农村居民消费水平仅相当于城镇居民消费水平的 44.8%。[②] 如果未来 5 年，我国农村居民的消费规模大体上接近城市平均消费水平的 60%-80%，我国的消费总规模将成倍增长。推进以县域为重点的就地城镇化，将带动中小城镇整体消费水平的提升。

（3）中小城镇拥有巨大的投资潜力。由于公共资源向大城市集中，中小城镇在道路、供水、供电、供气等基础设施的投入上明显不足。世界银行的一份报告显示，小城镇的固定资产投资仅占全国

① 《中国中小城市发展报告》编纂委员会，中小城市发展战略研究院．中国中小城市乡村振兴之路（2018）［M］. 北京：社会科学文献出版社，2018：443-446.

② 数据来源：《中国统计摘要 2018》。

固定资产投资总额的9%。[①] 也就是说，提升中小城镇发展质量，仅基础设施的投资就是万亿级的。

3. 中小城镇更具劳动力成本优势

近几年来，东部经济发达地区的许多产业向中西部地区，甚至东南亚一些国家转移，究其原因，主要在于我国人口红利趋减，一线城市劳动力成本趋高所致。在我国经济转型的特定历史时期，中小城镇与大城市相比，劳动力成本更低。有数据显示，2012年，在直辖市务工的农民工人均月收入为2561元，在省会城市为2277元，而在县级市仅为2204元。[②] 客观地看，大城市劳动力成本明显高于中小城镇。从这个意义上讲，发展中小城镇尤其是中西部地区的中小城镇成本相对较低。

二、按行政等级配置公共资源的城镇管理体制

国外对资源优化配置问题做了大量研究，主要有两种观点：一是认为市场机制是资源约束条件下唯一的可以使资源合理配置的机制；二是从资源配置的过程和效果出发，分析市场机制对资源配置的局限性，而这种局限性导致大量的资源浪费，尤其是在公共产品供给、公共资源配置等方面，这就需要通过政府作用来促进公共资源的合理配置。从我国的情况看，由于实行“行政等级制”的城镇管理体制，城市间行政地位不平等，使得教育、医疗、公共文化等优质公共资源向行政等级高的大城市集中。主要表现在：

---

① 世界银行．中国中小城镇概述［R］. 2012-04。

② 国家统计局．2012年全国农民工监测调查报告［R］. 2013-05-27.

1. 公共服务资源向行政级别高的城市集中

从我国城镇管理体制看，公共服务资源按行政等级分配的特点尤为突出。资源分配最多的是直辖市，接着是副省级城市、计划单列市、省会城市、地级市、县级市，乡镇一级分配的公共服务资源最少。这种公共资源分配体制是造成人口向行政级别较高的大城市集中、中小城镇吸引力不足的主要因素，还拉大了大中小城市与小城镇之间的差距。从实践看，这种行政等级制促进了大城市的发展，但不利于中小城镇发展；加速了我国规模城镇化进程，但不利于以人为核心的新型城镇化建设。

2. 建设用地指标向行政级别高的城市集中

在过去 10 多年的城镇化过程中，我国城市建设用地指标绝大部分向大中城市集中，县和乡镇分到的用地指标相当少。以重庆为例，占据市内半数人口和土地面积的 900 多座小城镇，每年获得国家新增建设用地指标的比例不足 1 成，而重庆主城、31 个区县城则获得了 9 成以上的新增用地。[①] 这也是今天特大城市日益扩张，省会城市和区域性中心城市地价和房价普涨，中小城镇居民住房、学校、交通、医院等公共服务设施建设多年无法改善的重要原因。统计显示，绝大部分建制镇的镇区面积规模都在两平方公里以下，超过五平方公里的小城镇数量微乎其微。[②]

3. 公共财政资源向行政级别高的城市集中

所谓公共财政收入，是政府为了适应政府公共活动支出的需要，履行政府的公共管理、公共服务以及国民经济的市场化管理等职能

---

① 李松．局促的小城：小城镇“地荒”压力调查［EB/OL］. 半月谈网，2013-06-12.

② 尹中卿．调动更多资金投向县域城镇是当务之急［J］. 中国农业信息，2014（3）：18.

而从企业、家庭等社会目标群体中所获得的货币收入的总和，一般包括税收、公债、非税收入三种形式。在以行政等级配置公共资源的城镇管理体制下，行政级别高的城市，可以利用行政手段集中辖区内各级财政资源。根据相关统计，上海、北京、深圳、天津、重庆、苏州、杭州、广州、武汉、成都位居“2018 年中国城市地方公共财政预算收入 50 强”前十名。[①] 从实践看，不同行政等级的城市规模不同，直接影响城市财政收入的多少；城市所辖区县越多，城市规模越大，财政收入就越高。

三、形成公共资源配置均等化的新格局

按行政等级配置公共资源的城镇管理体制不仅不适合新型城镇化的内在要求，而且容易拉大不同等级城镇间的差距，从而造成地区、城乡发展失衡。全面推进以人为核心的新型城镇化，关键在于打破以行政等级配置公共资源的城镇管理体制，形成公共资源配置均等化的新格局，实现大中小城市和小城镇协调发展。

1. 提高公共资源配置效率

公共资源在产权上大多属于公有产权，具有“非排他性”，但同时公共资源的有限性带来使用上的“竞争性”。因此，公共资源需要在竞争中提高其配置效率。从实践看，一些地方政府探索公共资源配置的市场化改革，例如，厦门市于 2005 年在全市正式启动公共资源配置市场化改革，共推进了 70 多项改革，覆盖土地出让、药品采购等相关领域，取得了比较好的效果。未来几年，要形成公共资源配置均等化的格局，关键在于推动公共资源配置的市场化改革，实

① 标准排名城市研究院．2018 年中国城市财力 50 强排行榜［R］. 2018-03.

现公共资源由行政等级配置向市场化配置转变。

2. 提高公共资源配置的公平性

提高公共资源配置的公平性，核心是根据经济社会发展的需要，推进公共资源配置市场化。推进以人为核心的新型城镇化，需要根据人口在城镇的集聚规模测算城镇公共资源配置标准，以实现大中小城市和小城镇公共资源配置均等化；最大限度地减少各级政府对公共资源配置的行政干预，使各级政府的公共资源配置与行政级别脱钩，把更多的发展权下放到中小城镇。

3. 推进公共资源配置过程公开透明

公共资源由行政权力配置，在缺乏有效监督的情况下，很容易产生寻租腐败行为。例如，2014 年在被中央巡视组揭露的各地十大突出问题中，工程建设、土地出让等领域的问题普遍存在，在被巡视的 20 个省份中，17 个省份“腐”在工程建设领域。[①] 实现公共资源配置市场化，要从根本上消除公共资源配置中的寻租腐败行为，推进公共资源配置过程的公开透明。

4. 形成全国统一的公共资源大市场

尽管我国在非公共资源领域的市场化程度已经比较高，但公共资源领域行政配置的色彩仍较浓，影响了公共资源的配置效率，阻碍了市场主体之间的公平竞争和全国统一大市场的形成。加快推进公共资源配置市场化，要把建立全国统一的公共资源市场作为重要目标，加快形成市场化、公开化、透明化的公共资源配置新格局。

---

① 马丽娅．2014 年 20 省份被中央巡视 17 省“腐”在工程建设领域［EB/OL］. 人民网，2014-12-25.

第二节 以公共资源配置均等化促进中小城镇发展

推进公共资源配置向中小城镇倾斜，关键在于加快公共资源配置的市场化改革，尽快改变公共资源按行政级别配置的方式，以公共资源配置均等化实现人口的有序流动和城镇化的合理布局。

一、公共资源配置向中小城镇倾斜

减少行政等级对公共资源配置的干预，推动政府公共资源配置与行政级别相脱钩，按照人口在城镇集聚的规模测算不同城镇公共资源配置标准，以实现对中小城镇公共资源配置的均等化。

1. 公共资源配置重点向中小城镇倾斜

从国际经验看，欧美国家之所以形成城镇化的合理布局，重要原因在于中小城市拥有与大城市均等的公共服务。例如在挪威，无论生活在大城市还是中小城镇，都能享受到同等的基础设施与公共服务，让人感觉到生活在中小城镇与大城市没有多大差别，也更愿意在中小城镇生活。挪威北部的哈尔斯塔德市仅 2 万多人口，但生活品质很高，每年举办一次音乐节，不仅丰富了当地居民的生活，而且还吸引了国内外游客。这样一个小城镇还有一所哈尔斯塔德大学学院，使整个城市的生活品质更加得以提升。可以说，形成大中小城市和小城镇的合理布局，有序引导农业转移人口向中小城镇集聚，重要的是减少行政等级对资源配置的干预，加大对中小城镇的公共服务投入，实现大中小城镇公共资源配置均等化，让农业转移人口真正愿意到中小城镇落户。

专栏 9.1　挪威北部中小城镇公共资源均等化的经验

挪威政府尊重居民的自由选择权，使愿意在城市生活的在城市生活，愿意在农村生活的在农村生活，人们不管居住在城市还是农村，生活水平相当。主要体现在：

（1）基础设施向农村延伸。从我们对挪威北部地区的考察情况看，这一地区-基础设施已经实现城乡一体化。

一是交通设施延伸到农村。尽管北部地区多山、靠海，仍建立起四通八达的公路网；一些旅游小镇都配套建设了小型机场，如斯托克马克内斯机场（SKN）、斯沃尔韦尔机场（SVJ）、安德内斯机场（ANX）。

二是保障供电供水。北部地区一些偏远的农村，哪怕只有一户居民，也能保障供电，饮用水可以通过开采地下水解决。

三是文化体育设施齐备。不仅在中小城镇，即便是在农村，周边 5 公里内均配备生活所需的公共服务设施与休闲娱乐设施。如超市、电影院、足球场、滑雪场、垂钓中心等。

（2）城乡居民收入差距非常小。据挪威城市区域研究所高级研究员海伦·特斯理介绍，挪威居民贫富差距非常小，基尼系数仅为 0.25，在 OECD 国家中最低。挪威的富人与低收入者分别只占全国总人口的 5%，90%的人口属于中等收入群体。挪威政府主要通过两种手段缩小贫富差距：

一是依靠个人所得税调节过高收入。挪威将居民应税所得按照有无抚养子女分为两个类别，每个类别又分为四个等级，同类、同等级的家庭收入，纳税的税率一致。个税税率最高达到 48%，平均税率 30%。二是通过对居民家庭的转移性支付对低收入人群进行调节。以居民家庭为对象的转移性收入是税收调节后进一步缩小居民家庭收入差距的主要手段。转移性支付在挪威居民家庭税后收入中占比很高。这些转移性收入包括养老金、赡养老人补贴、儿童抚养补贴、生病补贴、失业补贴、职业培训补贴、住房补贴等。通过这两种方式，就能有效控制居民的收入差距。

（3）城乡基本公共服务均等化。无论是南部大中城市，还是北部地区的中小城镇，又或是罗弗敦群岛上的小渔村，都实行全国统一的基本公共服务标准。在基本公共服务方面，没有城乡、地区差距。比如最低养老金标准、医疗保险标准、教育补助标准等等，全国都是统一的。对北部经济条件较差的地区，中央政府通过转移支付给予补齐。

资料来源：张飞．挪威北部地区城镇化发展的经验［J］．改革与开放，2013（8）：38.

2. 大幅改善中小城镇的基础设施条件

要从根本上改变基础设施重城市、轻农村，重特大城市、轻中小城镇的格局，实现基础设施一体化。为此，需要将特大城市的交通、供水、供电、供气等基础设施向周边中小城镇延伸，实现特大城市公共服务功能向周边中小城镇扩散，通过建设综合性交通枢纽将大中小城市和中小城镇连接起来，形成城市圈；设立中小城镇基础设施专项基金，全面加快中小城镇基础设施建设，完善公共服务；发挥政策性金融的优势，加大对中小城镇基础设施、公共服务等领域的金融支持。

3. 把公共资源配置均等化作为中央地方财税体制改革的重点

提高县级政府增值税分成比例，同时实施消费税共享政策；加大各级政府对中小城镇的转移支付力度，实现新增财政城市建设资金主要用于中小城镇的发展，实质性地提高中小城镇人口集聚功能。

二、改革用地政策

建设用地指标向大城市倾斜的体制机制不改变，中小城镇就很难得到发展的空间，产业集聚和人口集聚就难以实现。要加快改革土地政策，优先保障中小城镇用地计划。

1. 服务业与工业用地政策不平等

我国在工业化进程中形成的用地政策越来越难以适应城镇化转型的现实需求。新型城镇化依赖于服务业的健康发展，而现行用地政策仍以工业为导向。主要表现在：第一，土地供应上工业用地仍占大头。据统计，2017 年交通运输用地占 20.17%，公共管理与公共服务用地占 20.32%，商服用地占 17.11%，工矿仓储用地占 18.48%，住宅用地占 22.86%，其他用地占 1.06%（见图 9.1）。其中，国有建设用地供应结构中，工矿仓储用地占比达 20.4%，商服用地仅占 5.1%，不到工业用地的 1/3（见图 9.2）。第二，服务业用地价格明显高于工业用地价格。国土资源部的数据显示，2017 年末，全国 105 个主要监测城市的商业服务地价和工业地价分别为 7251 元/平方米和 803 元/平方米，商业服务用地价格是工业用地价格的 9 倍。[①]

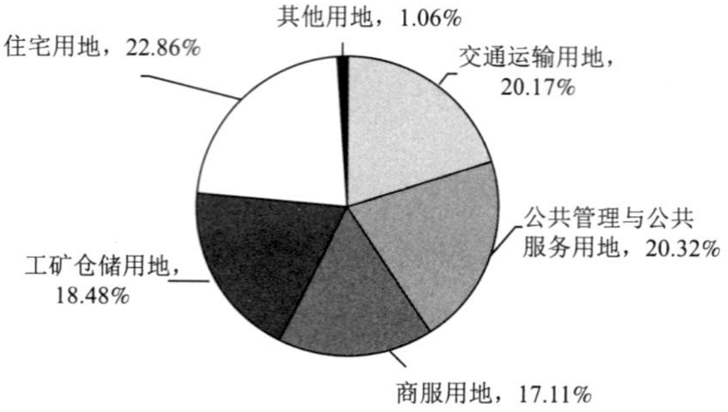

图 9.1　2017 年全国批准建设用地结构

数据来源：国土资源部严控城市新增建设用地规模［N］. 中国国土资源报，2017-09-19.

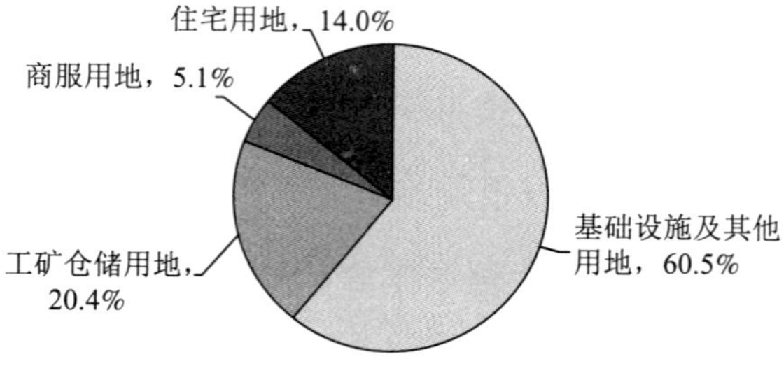

图 9.2　2017 年全国国有建设用地结构

数据来源：自然资源部 . 2017 中国土地矿产海洋资源统计公报［R］. 2018-05.

① 自然资源部 . 2017 中国土地矿产海洋资源统计公报［R］. 2018-05.

2. 建设用地指标向中小城镇倾斜

适应新型城镇化对加快服务业发展的现实需求，不断扩大中小城镇建设用地规模。第一，引导相关产业布局，尤其是现代服务业向中小城镇延伸，城镇建设用地指标向中小城镇倾斜，实现人口向中小城镇集聚；第二，用地指标重点向城镇教育、医疗卫生、就业、保障性住房等服务行业倾斜，提高中小城镇的人口承载力；第三，鼓励和支持中小城镇利用非农用地发展现代服务业。

3. 土地供给向现代服务业倾斜

（1）提高现代服务业用地比重。各地政府在制定土地利用规划和城乡规划时要统筹安排服务业发展用地规模、布局，调整建设用地结构，将更多的土地供应到服务业领域。

（2）采取多种形式加大服务业用地供给。支持利用城镇工业、仓储等用地发展符合规划的现代服务业；工业企业退出的土地优先发展服务业；支持利用以划拨形式取得的土地发展现代服务业，土地用途和使用权人可暂不变更。

（3）新增建设用地向生产性服务业倾斜。生产性服务业的发展关系到我国制造业的转型升级。为此，需要优先安排生产性服务业项目用地。同时，出台相关政策支持工业企业利用自有工业用地发展有利于企业转型升级的生产性服务业。

4. 实现服务业用地与工业用地“同地同价”

服务业用地价格长期高于工业用地价格不利于服务业快速发展。需要尽快实行服务业用地与工业用地“同地同价”政策。第一，鼓励各地试点，给予服务业用地多种优惠政策，大幅降低服务业用地价格；第二，适当提高工业用地价格，彻底改变过去工业用地“零地价”的局面，尽快在全国范围内基本实现服务业用地与工业用地“同地同价”。

三、推进公共资源配置社会化、市场化

公共资源配置市场化是20世纪80年代以来国际上公共服务改革的主要趋势之一，目的在于将市场机制引入公共服务领域，解决政府在公共服务领域投入不足、经营不善、效益低下等矛盾。适应公共资源配置均等化的需要，着眼于2035年基本公共服务均等化目标基本实现，应加快形成公共资源配置社会化、市场化的新格局。

1. 开放公共资源市场

（1）开放民生类公共资源市场。适应基本公共服务均等化和人们日益增长的多元化需求，尽快研究出台民生类公共资源市场化改革方案，全面向社会资本开放教育、医疗、养老、文化等领域的公共资源市场。

（2）开放中小城镇公共资源市场。适应新型城镇化加快推进的大趋势，全面开放中小城镇的公共资源市场，积极引导社会资本参与中小城镇重大项目建设，允许和鼓励社会资本通过特许经营等方式参与城镇基础设施投资和运营，在城镇污水处理、供水、供气等基础设施领域全面推广PPP模式。

（3）开放政府后勤类公共资源市场。纵深推进政府简政放权改革与建设低成本政府相结合，由此实现政府“瘦身”。为此，需要全面向社会资本开放行政机关类公共资源市场，发挥市场在行政资源配置中的机制性作用，全面降低各级政府的行政成本。

2. 建立统一的公共资源交易平台

（1）加快建立各级政府公共资源交易平台。1~2年内全国各省

份都要建立起公共资源交易平台；3~5年内全面建成市、县级公共资源交易平台，形成地方公共资源交易平台网络。在各地公共资源交易平台的基础上，尽快筹建全国统一的公共资源交易平台，实现所有公共资源统一信息发布、统一进场交易、统一规范流程、统一监督管理。

（2）实现交易平台“服务、管理、监督”相分离。交易前，由政府相关部门对公共资源进场交易进行行政监督；交易中，要把交易权交给“电脑”，按照事前设置好的交易标准，实现平台自动交易，减少人为交易滋生腐败寻租等行为，确保交易活动的公开、公平和公正；交易完成后，由相关部门对企业的履约情况进行跟踪监督，对于达不到服务标准的企业按照交易合同进行相关惩罚，对于提供优质服务的企业给予适当奖励，形成竞争机制。

（3）推进公共资源交易平台规范化运作。在规划上，摸清全国公共资源的底数，制定公共资源市场化交易的工作规则；在审核上，实行备案制或负面清单管理；在交易上，实行公开招投标，建立健全信息公示制度；在管理上，将决策权、执行权与监督权相分离，防止出现既当“裁判员”，又当“运动员”；在评估上，建立专家论证、第三方评估等机制。

3. 建立公共资源收益全民共享机制

土地、矿产、国有资产等公共资源的所有权属于国家和人民，其收益应当全部属于全民。中共十八届三中全会《决定》明确提出，“2020年国有资本收益上缴公共财政比例要提高到30%”和“赋予农民更多的财产权，保障农民公平分享土地增值收益”。为此，一是对土地出让金和矿产收益，扣除土地平整、环境恢复等成本外，不低于80%的比例划归社会保障与公共服务领域，实行专项管理；二是逐步提高农民在土地收益上的分配比重，对地方政府获得的土地增值收益，应纳入统一的公共财政账户，用于公共财政支出。

第三节　以新型城镇化为重点调整行政区划

未来几年，是我国新型城镇化加快发展的关键时期。要看到，行政等级化的城镇管理体制成为制约新型城镇化发展的突出因素。早在十多年前，就有学者提出调整行政区划的建议，并引起社会的广泛关注。今天，在我国新型城镇化战略的指引下，重提行政区划调整，现实性、迫切性更为突出。从长远看，按照加快新型城镇化的要求调整行政区划，不仅有着巨大的改革红利，还可以为我国减少行政层级寻求一条切实可行的现实路径。

一、以增设直辖市为重点扩大省一级政府建制

行政区划调整有利于提升大城市的功能，增强其对周边地区的辐射和带动作用，并为经济增长提供内生动力。刘君德等（2002）认为，“行政区划是国家权力的空间或者地域的分割和配置”，行政区划的调整将影响中央与地方关系的发展。① 尽管这件事十多年前就有学者提出，但是今天看，调整行政区划具有更强的现实性和迫切性。从我国实际情况看，可以主要采取增加直辖市和分省的办法增加省一级政府建制。

① 刘君德，等．中外行政区划比较研究［M］. 上海：华东师范大学出版社，2002：2.

1. 考虑增设直辖市

从我国的情况看，直辖市是城市中行政级别最高、规模最大、直接隶属于中央政府管理的一级行政区，在我国经济社会发展中占有极其重要的地位。在我国城镇化进程中，有相当一部分中等城市发展成对周边具有强大带动力的大城市和特大城市。例如深圳、青岛、大连等城市的进一步发展需要向周边城市转移产业，实现产业升级，需要与周边城市在规划上的衔接。但由于这些城市的经济社会管理权受限于行政级别，进一步的发展遇到周边城市强大的行政阻隔。为此，需要将这些发展基础比较好、发展潜力比较大的城市升格为直辖市，以通过城市升格增加城市经济的辐射力，更好地带动周边城市的发展，并在实现区域均衡发展中发挥积极作用。

专栏 9.2 建议深圳、青岛、大连升格为直辖市

改革开放以来，绝大部分的“计划”已不复存在，但计划单列市作为一种体制产物，至今仍然存在。目前，我国共有深圳、青岛、大连、宁波、厦门等5个计划单列城市（以下简称“单列市”）。随着我国工业化、城镇化进程的发展，昔日的单列市何去何从，是一个亟待重视、研究和解决的问题。

我们认为，应当推动计划单列市升级为中央直辖或归位为省辖以更好地融入周边城市群，发挥其在全国和区域经济发展中的引领作用。根据各单列市的实际情况，综合考虑管理幅度、竞争制衡状况、资源环境空间制约和发展改革活力等多种因素，推动单列市改革，通过合并周边城市转为中央直辖市或转为普通副省级城市以更好融入周边城市群。

具体设想是将深圳、青岛、大连升格为直辖市。将深圳、青岛、大连升格为直辖市，主要是将深圳、青岛、大连的行政由省管理改为国务院直管，同时通过行政区划的调整，扩大其辖区范围，缓解其资源环境和空间制约。深圳、青岛、大连三市通过适度与周边城市合并，扩大其管辖范围，三市均有经济和财政基础支撑，同时又能更好发挥对区域乃至对全国的辐射作用。将宁波、厦门归回普通副省级城市。就是取消计划单列市设置，将宁波、厦门由单列转变为省直管理，理顺中央和省与宁波和厦门2市的关系，宁波、厦门的城市级别和享有的省级经济管理权限仍保持不变。宁波、厦门回归副省级城市，

不会对中央、省、宁波和厦门2市各方造成利益损伤，并且实际操作成本也较低，是一个可行性较强的方案。

资料来源：国家行政学院“优化行政层级与行政区划研究”课题组．优化行政层级与行政区划设置势在必行［N］．社会科学报，2015-08-20：01.

2. 考虑增设直辖市

从国际经验看，发达国家的一级行政区一般大约在50个左右，如美国51个、日本47个。而中国如此大的国土面积，全国（不包括港澳台）仅有31个省级行政区。其中，平均每个省占有的陆地面积约为30万平方公里、拥有3800多万人口，相当于欧洲一个较大的国家。基于此，对一些辖县数量巨大或地区面积巨大的省级建制，可以考虑增设直辖市。

表9.1　我国内地与部分西方国家行政区划设置对照表

国家	一级行政区数量（个）	一级行政区平均管理范围		
		二级行政区平均数（个）	面积（km^2）	人口（万人）
美国	51	412.6	183529	470.6
日本	47	69.3	8043	255.3
法国	99	379.5	5566	54.5
匈牙利	24	336.8	3875	44.7
西班牙	50	160.8	11000	75.3
波兰	49	58.7	6388	19.0
中国	31	10.9	309677	3871.0

数据来源：孙学玉，伍开昌．构建省直接管理县市的公共行政体制——一项关于市管县体制改革的实证研究［J］．政治学研究，2004（1）：35-43.

二、推动以省直管县行政体制为重点的行政区划体制改革

由财政省直管县到行政省直管县改革，事实上已为下一步行政层级改革奠定了重要基础。未来几年，在财政省直管县的基础上，逐步实现行政上省直管市县。既要充分考虑到发挥中心城市的辐射带动作用，又要着眼于使县级政府获得更多的发展资源。总的来看，可以分三类情况推进。

1. 经济发展到一定规模的县率先实现行政省直管县

（1）着力激发经济强县的活力。在当前市管县行政体制下，县域经济发展受到极大制约，一方面，经济弱县本身缺乏支持农村的可持续能力；另一方面，常熟、昆山、义乌等经济百强县与所属市的矛盾越来越尖锐，体制弊端大大束缚了经济强县进一步发展的空间。因此，省直管县改革主要任务之一应是通过强县扩权激发县域经济活力，重点是逐步把已经实行财政省直管县的农业大县全部纳入行政省直管县。

（2）大力实施扩权强县改革。适应简政放权改革向纵深发展的大趋势，扩大县域发展自主权，下放部分经济社会发展项目的审批权，增强县域经济可持续发展能力；加大中央和省级财政对县的一般性转移支付力度，促进县域财力与事权相匹配，切实增强县域经济活力；调整、优化产业结构，大力发展农业加工业，积极承接大中城市劳动密集型产业，大力发展农村服务业；把县域打造成为农村劳动力转移的重要平台，鼓励农民就近转移就业，扶持农民工返乡创业。

（3）积极调整市县关系。实行省直管县体制就是要改变过去

“市管县”“市刮县”“市卡县”的局面，增强县域的吸引力，使县域在新型城镇化过程中发挥重要作用。为此，第一，在权责划分上，要按照行政直管的要求，市级政府要调整职责定位，并同步推动行政审批、市场监管、人事管理等方面的配套改革；县级政府要积极学习市级政府的管理经验，增强独立发展的能力；第二，在行政区划调整上，着眼于全省经济社会发展的大局，省市县三级联动推进行政区划调整；第三，在协调发展上，建立市与县联席会议机制，形成市县平等协商、互利共赢的局面。

2. 将部分县（县级市）升格为市

（1）把具备一定条件的县升格为市。从我国区域一体化的实践看，长三角、珠三角等区域发展起来一批“富可敌市”的强县，无论是在人口规模、工业化水平，还是发展环境等各方面都不亚于中西部地区的中小城市。但这些县却面临着“事权压身、财权不足”的突出矛盾。按照十一届全国人大常委会第十三次会议提出的“我国将积极研究完善设立县级市的标准，把人口、经济、财政、税收以及城市建设达到一定规模和标准的县（镇），适度改设为市”的精神，可将经济总量达到中小城市规模或接近全国百强县、对农村辐射带动作用强的县升格为市。

（2）把经济强县（市）升格为中等城市。目前，东部地区一些县级市如义乌等经济百强县与所属市的矛盾越来越尖锐，完全可以考虑升格到地级市，将周边的县（市）并入。这样，既可以缓解这些县（市）城市经济发展空间不足的矛盾，又可以有效减少省管县（市）的数量。为此，重点把一批经济实力强、二三产业发展水平高、城镇化进程快、对周边地区辐射带动作用强的经济强县（市）尽快发展升格为中等城市，如江苏常熟、昆山，浙江义乌等全国百强县。

3. 适时推进“撤县设区”

（1）对中心城市发展水平较高、周边规模较小的县域实行撤县设区。实行“撤县设区”有助于扩大中心城市的发展空间，也有利于提升县域发展水平，实现市县联动发展。为此，对于一些中心城市的经济总量、财政规模、产业结构、城镇化水平达到大城市标准，而周边规模仍较小、经济实力又较弱的县域，实现撤县设区。

专栏 9.3 撤县设区的三种情况

对中心城市发展基础很好，并与周边县关联度高的地区考虑“撤县设区”。分为三种情况：第一种情况，中心城市的城镇化水平、非农就业比重、产业结构、经济总量、财政收入都已经达到大城市标准，而周边的县域规模较小、经济实力比较弱，市对县辐射带动强，可以考虑撤县设区。

第二种情况，中心城市的城镇化水平、非农就业比重、产业结构、经济总量、财政收入达到大城市标准，但现行行政区划制约了自身的进一步发展；周边的县域经济实力也较强，市与县之间的资源、产业和市场关联度比较高的，也可考虑撤县设区。如北京、上海、天津、重庆四个中央直辖市和广州、深圳、南京、武汉、青岛、大连、宁波、厦门等城市化程度比较高的副省级城市，可重点加大推进邻县“撤县建区”的力度。

第三种情况，为构建区域经济中心，如珠三角、长三角、京津唐、长株潭、山东半岛城市群、辽中城市群、中原城市群等较发达的地级市，也可适当扩大管辖范围，改近郊县、镇乡全部或部分为市辖区，或将几个近郊县部分区域划归市辖，以开拓新的发展空间。

资料来源：张占斌，苏珊·罗尔．中国新型城镇化背景下的省直管县体制改革——访国家行政学院经济学教研部主任张占斌教授［J］．经济社会体制比较，2012（6）：12.

（2）合理规划“撤县设区”。从我国的实际看，撤县设区不是简单的行政区划调整，而是一个地区经济发展到一定阶段的必然结果。同时，撤县设区有严格的程序与标准，需要经过国务院和民政部的同意。这就需要各地根据自身情况，按照国家设区标准，合理规划撤县设区。

(3) 建立“撤县设区”的法制保障。由于撤县设区涉及行政区划调整，应该综合考虑中心城市和周边县经济社会发展情况，以及市县之间市场关联度等指标。为此，需要尽快研究出台《市辖区设置标准》，并用法律形式固定下来，使得撤县设区有法可依。同时谨防一些落后地级市以“撤县设区”为名，强行将部分发展基础好，且市场关联度不强的县改为市辖区。

三、逐步将乡镇机构变成县级派出机构

将乡镇变为县级的派出机构，既有利于县级政府统筹辖区内城乡一体化发展，又有利于减少财政供养人数，还有利于发挥市场活力，给社会组织参与公共治理留下较大的制度空间。

1. 在“乡财县管乡用”的基础上，推动乡镇政府成为县级单位的派出机构

在县乡财政体制改革中，对于是否保留乡镇一级政府建制争议比较大。一些官员与学者认为乡镇政府是县级政府的重要抓手。“上面千条线，下面一根针”。但要看到，“上面千条线”实际上是计划经济时代的管理办法，随着县级政府的转型，对乡镇事务的管理将不再是事无巨细，而是要把管不了也管不好的职能一部分交给市场，一部分交给社会组织，将县级政府不适当的职能精简下来，这也是当前简政放权改革的必然要求。早在“十一五”时期，就有一些地方在县乡财政体制改革中实现了“乡财县管乡用”，切实减轻了农民负担。应尽快在条件成熟的地区，推动乡镇政府转变为县（市）政

府的派出机构，实现县乡财政管理模式与行政层级相一致；将乡镇机构的经济职能上收到县一级政府，使乡镇主要成为农村公共服务的执行者；考虑到许多农村公共服务可委托市场和社会组织去做，仍可以进一步精简乡镇政府职能；到2020年，除青海等西部省份由于乡镇政府管理地域面积广阔不宜取消之外，全国大部分乡镇政府都可以作为县（市）的派出机构，将其主要职能限定在公共服务的执行上。

2. 以整合资源为重点加快中心镇发展

按照布局合理、规模适度、产业集聚、功能健全、环境友好的要求，积极、稳妥地推进乡镇行政区划调整，提升中心镇在城市群、城市圈中连接城乡的纽带作用，拓宽城市发展空间。第一，因地制宜，将部分人口、产业规模不大，距离中心城区较远的镇，实现乡镇合并，推动人口、产业、要素等向中心镇集聚；第二，合并后的乡镇辖区面积大于一般乡镇，需要尽快完善社区、乡镇二级管理服务体系，不断提升乡镇机构的服务管理能力；第三，对城市群、城市圈周边地区发展潜力较大的乡镇，将发展小城镇与缓解大城市人口压力相结合，积极推进卫星城的发展，不断改善和提升这些中小城镇的公共服务水平。

由于我国幅员辽阔，每个省地域范围广，在新型城镇化背景下，加快调整行政区划的迫切性日益增强。所以，以新型城镇化为重点调整行政区划，不仅具有更重要的现实意义，而且也将成为我国下一阶段行政体制改革的重点。

结　语

改革开放40年来，我国在实现经济高速增长的同时，也推动了城镇化快速发展，大量农村剩余劳动力由此进入城镇生产、生活，于是便形成了我国特有的农民工群体。由于我国公共服务体制尚不健全，大量农民工尽管在城镇生活、工作，却难以真正享受到与城镇居民同等的公共服务，尤其是在子女教育、医疗和养老等基本公共服务方面，由此使得这个庞大的群体成为城乡之间的“钟摆”。第一代农民工还有回到农村的可能，但是他们的子女就难以再回到农村，他们既不懂农业生产技术，更不愿意离开城镇。这就意味着，如果不能使这个庞大的群体在城镇有稳定的工作并享有公平的公共服务，不仅城镇化难以持续，还容易积累一定的社会矛盾，不利于全面小康社会的总体实现。

多年来，由于以经济建设为中心思想的引领，各级政府把经济建设作为各项工作的重心，由此使各级政府形成重经济职能、轻公共服务职能的基本格局。随着我国进入公共产品短缺时代，迫切需要各级政府把提供公共产品和公共服务作为自身的主要职责，这就要求加快政府职能转变。

从实践看，近几年来，各级政府不断加大公共服务投入，覆盖城乡居民的公共服务体系初步建立。但问题在于，以经济总量为导向的中央地方关系不调整，各级政府重经济职能、轻公共服务职能的格局就不会改变。新型城镇化的核心是以人为本，这就需要各级政府把满足人的公共需求作为重要职责，这就要求尽快改变现行以经济总量为导向的中央地方关系，实现政府发展理念的根本转变。通过客观分析，本书的主要结论与建议有：

第一，实现中央地方关系由经济总量导向向公共服务导向的转变。导向问题的实质是一个发展理念问题。适应新型城镇化发展的要求，需要尽快实现地方政府发展理念由经济建设向公共服务转变：一是从经济总量导向向公共服务导向转变；二是从做大蛋糕向分好蛋糕转变；三是从投资驱动向消费拉动转变；四是由工业主导向服务业主导转变。在这个前提下，强化各级政府的公共服务职能，尤其是加大公共服务的制度供给，建立和完善惠及近 14 亿人的基本公共服务体制。

第二，明确划分各级政府的公共职责。公共服务作为政府的基本职能，具有非排他性。适应公共产品短缺时代对政府转变职能的要求，需要尽快建立完善的中央与地方公共职责分工体制，由此使各级政府的公共服务职责明确化、法定化、可问责。具体而言：中央政府应该重点加强经济社会事务的宏观管理；省级政府主要是保障国家法律法规、政策方针和国家标准的严格执行；市县政府主要是执行国家和省级政府的法律法规、政策方针和规章标准。

第三，建立事权与支出责任相适应的制度。在中央地方公共职责分工做出调整的情况下，需要中央地方财税关系相应调整。一是实现政府事权与支出责任相适应，根据事权安排，尽快出台各级政府的财政支出清单；二是调整财政支出结构，降低各级政府经济建设性支出和行政性支出，提高各级政府公共服务财政支出；三是建立农民工市民化的中央地方财政分担机制，从根本上满足农民工的公共服务需求。

第四，形成地方政府经济行为的制度约束。使地方政府回归公共服务职能，不仅需要对事权、财权做出相应调整，更需要形成地方政府的制度约束。从实践看，必须采取多种手段规范和约束地方政府的经济行为：一是建立以公共服务为导向的干部政绩考核制度；二是加快推动农村土地制度改革；三是推动经济司法去地方化、去行政化；四是全面推行以预算公开为重点的政务公开。

第五，调整、优化行政区划。按照行政等级管理城镇的体制，不仅难以实现公共资源均衡配置，还容易拉大城镇之间的发展差距。尽管十多年前就有不少学者提出调整行政层级的建议，但今天再次提出，具有更强的现实性和迫切性，也面临难得的历史机遇。未来5~10年，如果能够按照新型城镇化的要求调整行政区划，将释放出巨大的改革红利，为此建议：以增设直辖市为重点扩大省一级政府建制；推动以省直管县行政体制为重点的行政区划体制改革；逐步将乡镇机构变成县级政府的派出机制。

第六，实现中央地方关系法治化。我国是一个转型中的大国，也是一个单一制的大国，形成稳定、良好的中央地方关系不仅关系到新型城镇化的有效推进，还关系到经济转型升级，更重要的是关系到国家治理体系和治理能力现代化。尽管我国《宪法》规定了中央与地方政府的组织形式和中央与地方国家机构职权划分的总原则，也列举了国务院的一般职权，但没有明确划分中央政府与地方政府的事权。为此需要尽快研究出台《中央地方关系法》，为中央地方关系调整提供法律依据。

参考文献

［1］ Edward C. Page Michael J. Goldsmith. Central and Local Government Relations：A Comparative Analysis of West European Unitary States. London：Sage Publications. Sage Modern Politics Series，1987，Vol. 13.

［2］［日］松村歧夫．地方自治［M］．孙新，译．北京：经济日报出版社，1989.

［3］［英］戴维·米勒，韦农·波格丹诺．布莱克维尔政治学百科全书［M］．邓正来，译．北京：中国政法大学出版社，2002.

［4］邓小平文选（第三卷）［M］．北京：人民出版社，1993.

［5］魏礼群．市场经济中的中央与地方经济关系［M］．北京：中国经济出版社，1994.

［6］中国（海南）改革发展研究院．中国人类发展报告 2007/08——惠及 13 亿人的基本公共服务［M］．北京：中国对外翻译出版公司，2008.

［7］迟福林．第二次转型——处在十字路口的发展方式转变［M］．北京：中国经济出版社，2010.

［8］郑永年．中国的“行为联邦制”中央-地方关系的变革与动力［M］．北京：东方出版社，2013.

［9］迟福林．转型抉择——2020：中国经济转型升级的趋势与挑战［M］．北京：中国经济出版社，2014.

［10］迟福林．改革红利——十八大后的转型与改革［M］．北京：中国经济出版社，2013.

［11］中小城市发展战略研究院等．中小城市绿皮书：中国中小城市发展报告（2014）［M］．北京：社会科学文献出版社，2014.

［12］金太军，赵晖．中央与地方政府关系建构与调谐［M］．广州：广东人民出版社，2005.

［13］辛向阳．百年博弈：中国中央与地方关系100年［M］．济南：山东人民出版社，2000.

［14］张五常．中国的经济制度［M］．北京：中信出版社，2009.

［15］薄贵利，金相文．市场经济条件下中央与地方权限调整的基本趋势［J］．政治学研究，1997（3）．

［16］金太军．经济转型与我国中央地方关系制度变迁［J］．管理世界，2003（3）．

［17］赵晖．经济学视角下中央与地方的关系［J］．统计与决策，2005（12）．

［18］迟福林．以政府转型为重点改革中央地方关系［J］．中国行政管理，2011（8）．

［19］周飞舟．财政资金的专项化及其问题 兼论“项目治国”［J］．社会，2012（1）．

［20］宣晓伟．中央地方关系调整与现代化转型——“现代化转型视角下的中央与地方关系研究”之一［J］．中国发展观察，2014（8）．

[21] 吴晓求．论政府职能以及中央与地方的职权划分 [J]．新视野，1996（3）．

[22] 薄贵利．中央与地方权限划分的理论误区 [J]．政治学研究，1999（2）．

[23] 沈华荣．各级政府公共服务职责划分的指导原则和改革方向 [J]．中国行政管理，2007（1）．

[24] 邵明阳．从效率性分权到公平性分权：当代中国中央与地方权力调整轨迹分析 [J]．经济社会体制比较，2008（5）．

[25] 潘小娟．中央与地方关系的若干思考 [J]．政治学研究，1997（3）．

[26] 金太军．当代中国中央政府与地方政府关系现状及对策 [J]．中国行政管理，1999（7）．

[27] 邢孟军．转型期地方政府与中央政府博弈关系探析 [J]．广东行政学院院报，2004（10）．

[28] 林荣日．中央与地方利益博弈和权力博弈模型初探 [J]．复旦公共政策评论，2005（6）．

[29] 王斌，张婷玥．城镇经中的中央与地方关系 [J]．法制与社会，2014（5）．

[30] 费农·亨德森．发展中国家的城市化 [J]．经济社会体制比较，2014（6）．

[31] 武力．陈云与1957年前后中央地方经济关系的调整 [J]．党史研究与教学，2009（1）．

[32] 储建国．县委书记“高配”的由来及反思 [J]．人民论坛，2012（30）．

[33] 马海涛，李升．对分税制改革的再认识 [J]．税务研究，

2014（1）.

［34］张占斌．省直管县改革的步骤和政策探析［J］．资政文摘（管理版），2009（1）.

［35］刘永刚．分税制致大部分财权归中央地方被迫用卖地等渠道找钱［J］．中国经济周刊，2014-08-25.

［36］马腾腾．我国土地出让金存在的问题分析及对策研究［J］．经营管理者，2015（2）.

［37］世联行．土地财政难以为继［J］．证券市场周刊，2015（18）.

［38］赵振华．关于产能过剩问题的思考［J］．中共中央党校学报，2014（2）.

［39］李方旺．美国税制和税收征管的特点及启示［J］．税务研究，2007（8）.

［40］张友斗，苗杨，张帆．美国税制结构特点分析及对我国的启示［J］．国际税收，2013（5）.

［41］王喜梅，张桥云．美国社会管理对中国的启示——以住房保障为例［J］．当代世界与社会主义，2013（1）.

［42］刘丽，张彬．美国政府间事权、税权的划分及法律平衡机制［J］．湘潭大学学报（哲学社会科学版），2012（6）.

［43］魏加宁，李桂林．日本政府间事权划分的考察报告［J］．经济社会体制比较，2007（2）.

［44］王朝才．日本中央和地方财政分配关系及其借鉴意义［J］．广东商学院学报，2005（5）.

［45］刘华．中国地方政府职能的理性归位——中央与地方利益关系的视角［J］．武汉大学学报（哲学社会科学版），2009（4）.

［46］马改艳，等．构建中央与地方政府分工合理的公共服务体制［J］．学理论，2009（36）．

［47］高培勇．财税体制改革与国家现代化［M］．北京：社会科学出版社，2014.

［48］唐敏．我国行政成本高出世界平均水平 25% 五大原因造成［J］．决策探索，2010（5）．

［49］王惠平．我国财政管理体制改革回顾及展望［J］．经济纵横，2008（7）．

［50］李松．调查称小城镇“抢地”冲动强烈 违规违法问题凸显［J］．半月谈，2013（13）．

［51］尹中卿．调动更多资金投向县域城镇是当务之急［J］．中国农业信息，2014（3）．

［52］孙学玉，伍开昌．构建省直接管理县市的公共行政体制——一项关于市管县体制改革的实证研究［J］．政治学研究，2004（1）．

［53］张占斌，苏珊·罗尔．中国新型城镇化背景下的省直管县体制改革——访国家行政学院经济学教研部主任张占斌教授［J］．经济社会体制比较，2012（6）．